Carola Schuster-Brink
Kinderfragen kennen kein Tabu

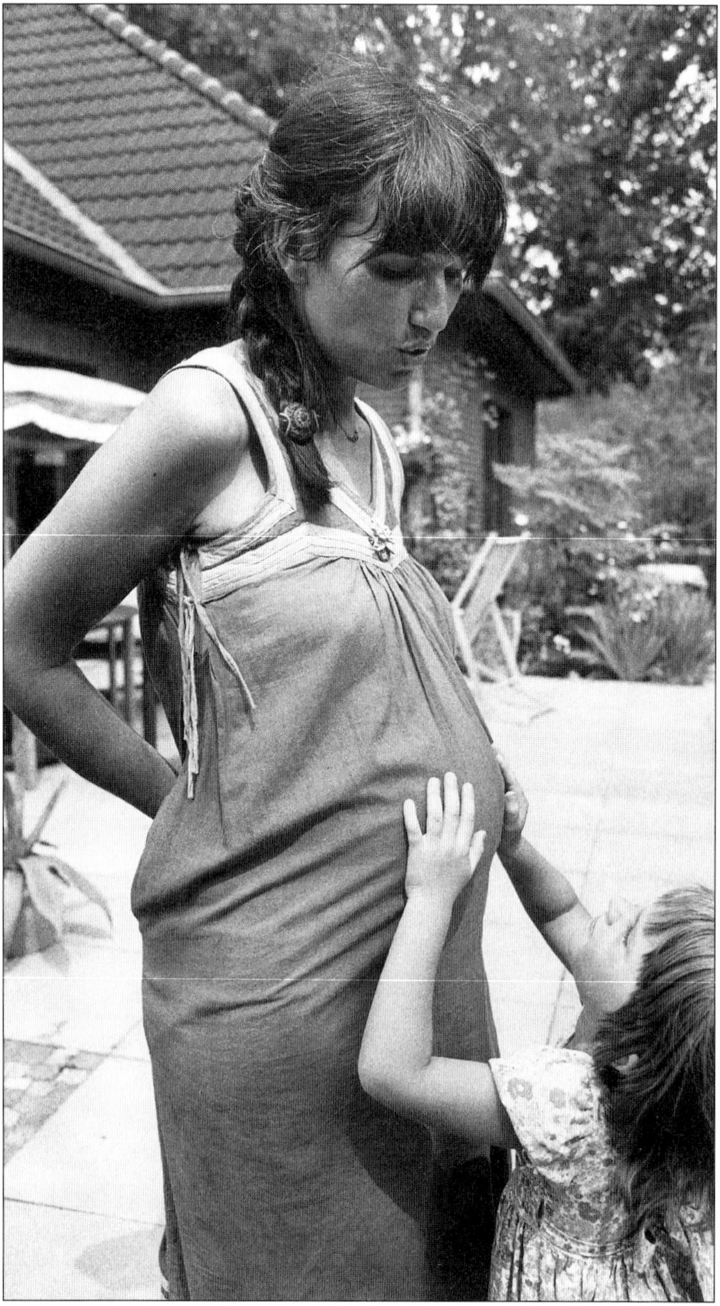

Carola Schuster-Brink

Kinderfragen kennen kein Tabu

Ravensburger Buchverlag

Die Deutsche Bibliothek – CIP-Einheitsaufnahme

Schuster-Brink, Carola:
Kinderfragen kennen kein Tabu / Carola Schuster-Brink. –
Orig.-Ausg., 6., überarb. Aufl. –
Ravensburg: Ravensburger Buchverl., 1997
ISBN 3-473-42710-1 kart.

Die Schreibweise entspricht den Regeln
der neuen Rechtschreibung.

6 7 8 99 98 97

Originalausgabe
6. überarbeitete Auflage

Umschlagkonzeption: Kraxenberger Kommunikation
Umschlaggestaltung: Ekkehard Drechsel BDG
Umschlagfoto: Ursula Markus
Fotos: Michael Seifert S. 2, 34, 74, 84; H. O. Smollich S. 6, 9;
Manfred Vollmer S. 10; Foto present: Kluyver S. 24,
Heinemann S. 59, Voss S. 68, Pohl S. 92; Gerd Pfeiffer S. 30, 43;
Ernst Fesseler S. 37, 110;Presse Bild Poss S. 56;
Martina Hengesbach S. 116
Gesamtherstellung: Appl, Wemding
Printed in Germany

ISBN 3-473-42710-1

Inhalt

Vorwort

Wer früh das Handwerk des Fragens erlernt, wer sich zu zweifeln getraut, entgeht beizeiten manchem Irrtum.
Wer lebenslänglich fragt, wird es zu einer gewissen Meisterschaft bringen, die Spreu vom Weizen und den Sinn vom Unsinn zu unterscheiden.

Kinder stellen viele Fragen.
Warum, wieso, weshalb? Wo, wann, wie?

Die Fragen werden mit den Jahren komplizierter. Die Antworten auch. Drei Fragen gibt es, an denen Kinder festhalten, bis sie keine Kinder mehr sind:

Woher kommen die kleinen Kinder?
Wie ist das, wenn man tot ist?
Wo wohnt der liebe Gott?

Woher die kleinen Kinder kommen, lässt sich rasch klären. Betuliche Mütter antworten auf diese Frage, auch heute noch, mit der Mär vom Storch. Aufgeklärte Mütter sagen da schon eher die Wahrheit: „... aus dem Bauch." Aber dann, wenn die Kinder weiter fragen, wenn sie wissen wollen, wie die Kinder in den Bauch hineingekommen sind, wird das Antworten mühsamer. Dann wird sehr oft, auch heute noch, die Antwort vertagt, hinausgeschoben: „... bis du größer bist." Inzwischen besorgt das Kind sich die Antwort selbst, irgendwo; setzt sich aus Wahrheit und Dichtung ein Puzzle zusammen, das es vor den Erwachsenen hütet wie einen Schatz. Und später wird dieses Kind sagen: „Nein, richtig aufgeklärt haben mich meine Eltern nie."

Wie das ist, wenn man tot ist, wird kein Lebender je beantworten können. Es scheint also, dass diese Frage noch schneller zu klären ist als die Frage nach der Herkunft der Babys. Betuliche Mütter antworten auf diese Frage, dass die Toten in den Himmel gehen, zum lieben Gott. Und damit ist zugleich die dritte Frage im Handumdrehen beantwortet. Wo wohnt der liebe Gott? Im Himmel, wo sonst?

Man könnte also an dieser Stelle das Buch gleich zuklappen. Es ist alles gesagt. Oder nicht? Oder nicht langfristig? Wenn Kinder fragen, woher die Kinder kommen, fragen sie zugleich nach dem Sinn ihrer Existenz. Nicht das technische

Know-how interessiert sie zunächst, sondern viel mehr das Zusammenspiel von Vater und Mutter und Kind. Davon wird in diesem Buch die Rede sein.

Einmalige Aufklärungsgespräche gibt es nur in Witzen. Richtige Kinder im richtigen Leben fragen auch, ohne Fragen zu stellen. Sie schauen hin und hören zu, sie wittern und ahnen und ziehen Schlüsse, von denen wir nichts wissen. Kurzum, Kinder haben Geheimnisse, die sie vor uns hüten wie einen Schatz. Und das ist gut so.

Kinder brauchen Geheimnisse. Diese Geheimnisse gehen den Erwachsenen rein gar nichts an, sie müssen es ertragen lernen. Auch davon wird in diesem Buch die Rede sein.

Wenn Kinder fragen, wie das ist, wenn man tot ist, führen sie die Frage nach dem Sinn ihrer Existenz weiter. Leben hat mit Abschied zu tun. Kinder wissen das. Wenn Erwachsene es mit Kindern ernst meinen, bestätigen sie ihnen diese Ahnung. Davon wird in diesem Buch die Rede sein.

Wo wohnt der liebe Gott? Ja, wo? Es gibt aufgeklärte Eltern, die in ihrer Kindheit genug Ärger mit dem lieben Gott hatten und nun ihren Kindern diesen Ärger ersparen möchten. Werden sie damit ihren Kindern gerecht? Die Frage nach dem lieben Gott ist, wie die Frage nach dem Tod, eine existentielle Kinderfrage. Diese Frage meint: Gibt es ausser mir, ausser Vater und Mutter noch etwas, worauf ich mich verlassen kann? Man muss nicht Gott sagen, wenn man Gott nicht meint. Wer würde es aber wagen, seinem Kind zu sagen, auf die Liebe sei kein Verlass? Auch davon wird in diesem Buch die Rede sein.

Ein letztes Kapitel plädiert für gute Bilderbücher, die Eltern und Kindern kluge Helfer sein können, wenn sie sich gemeinsam damit auseinandersetzen. Kinder brauchen eindrucksvolle Bilder, einfühlsame Texte, aber auch sprechende Eltern. Kinder brauchen Bilderbücher, damit das Fragen kein Ende nimmt.

1. Kapitel

Vom Fragen, vom Antworten und Verantworten

Man hört es immer öfter:
„Die Wahrheit ist dem Menschen zumutbar“
und „Kinder sind Menschen vom Augenblick
ihrer Geburt an.“
Und an anderer Stelle heißt es:
„Es ist die Wahrheit, die den Menschen
aus der Dunkelheit befreit.“

Je komplizierter der Sachverhalt, desto überlegter die Antwort

Sie kennen mit Sicherheit diese Situation: Ein Auto hält am Bürgersteig, der Fahrer kurbelt das Fenster herunter und fragt nach dem Weg.

Dann haben wir zumeist vier Möglichkeiten: Gartenstraße? Nie gehört! Der Fall ist schnell erledigt. Das Auto rollt davon.

Die zweite Möglichkeit könnte darin bestehen, dass wir zwar die Gartenstraße kennen, den Weg dahin aber nicht korrekt beschreiben können. Wann geht es links ab, wann rechts, wann geradeaus? Ist da nicht eine Einbahnstraße dazwischen, seit gestern sogar eine Baustelle mit Umleitung? Kommt der Supermarkt vor oder nach der Gartenstraße? Die Vorstellungskraft schwindet meist unter dem Zwang zur akribischen Auskunft. Was jetzt?

Zugeben, dass man nur zu Detailauskünften fähig ist? „Fahren Sie mal bis zur Ampel, dann rechts und wieder rechts. Und dann fragen Sie am besten noch mal jemanden!" Auskünfte dieser Art sind meist für beide Teile nicht sonderlich befriedigend. Oft sind sie jedoch die einzige Möglichkeit, einen Fremden wenigstens ein Stück weit zu lotsen.

Die dritte Möglichkeit ist in der Regel nur Taxifahrern oder Briefträgern vorbehalten: Sie schildern den Weg so detailgetreu, dass Verfahren schlichtweg ausgeschlossen ist. Ich muss offen zugeben, dass mir solche Auskünfte selten glücken.

Eine vierte, Gott sei Dank seltene Möglichkeit ist Sache von Gaunern oder falsch verstandenen Humoristen: Unbeweglichen Gesichtsausdrucks geben sie eine so präzise Auskunft, dass der Fahrer gar nicht anders kann, als sich überschwenglich zu bedanken. Die Auskunft ist indessen frei erfunden. Der Fahrer landet irgendwo, nur nicht am Ziel. Das Spiel beginnt von neuem. Und wieder stehen vier Möglichkeiten offen, den Weg zu finden oder nicht.

In einer fremden Stadt nach dem Weg zu fragen, ist Vertrauenssache. Wenn ich Auskünfte brauche, sehe ich mir die Passanten vorher gut an. Ich lasse erst diesen und jenen vorübergehen und frage dann zumeist ältere Damen mit Einkaufstaschen oder Leute, die Hunde an der Leine führen oder Kinder an der Hand. Sie kennen ihr Stadtviertel meist sehr genau und sind nicht zu dummen Scherzen aufgelegt.

Eine Frage stellen, heißt Vertrauen haben

Fragen bedeutet immer die Aufnahme einer Beziehung zu einem anderen, auch wenn diese nur flüchtig ist. Wer sich an seine Schulzeit erinnert, stößt mit Sicherheit auf solche Lehrer, die sich überhaupt nicht gern befragen ließen, die sogar wütend oder zynisch wurden, wenn man sie mit Fragen „belästigte". Andere wiederum mochten sich gerne befragen lassen. Manche Kinderärzte tun zwar stets das Richtige, mögen es aber absolut nicht, wenn man sie nach ihrem Tun befragt. Es gibt Menschen, die überaus unterhaltsam sind, solange man sie erzählen lässt. Stellt man ihnen Fragen, werden sie ärgerlich. Sie verstehen sich zwar gut auf Monologe, möchten aber in ihrer Beziehungsaufnahme nicht so weit gehen, dass sie einen Dialog zulassen.

Durch Fragen wird der Zuhörer zum Mit-Beteiligten. Der Vortragende verlässt sein Redner-Podest und beschäftigt sich mit den Fragen und Interessen des Zuhörers. Zuhören wird wechselseitig. Fragen wird wechselseitig. Antworten wird wechselseitig. Es entsteht Partnerschaft im Reden. Es entsteht ein Dialog. In einem solchen Dialog stehen uns vier Möglichkeiten offen:

- Wir wissen etwas nicht
- Wir wissen etwas nicht genau
- Wir wissen etwas ganz genau
- Wir geben eine falsche Auskunft

Außer im letztgenannten Fall bieten wir dem Gesprächspartner damit eine Basis an, auf der sich weiteres Fragen und Antworten fortentwickeln lässt. Was wir nicht wissen, weiß vielleicht der Gesprächspartner. Im Dialog kommen wir der Sache näher, von Frage zu Frage erobern wir uns den Sachverhalt, den wir zuvor nicht kannten. Ein solches Gespräch bereichert und macht obendrein noch Spaß. Was wir nicht genau wissen, wo wir Zweifel haben, wo vielleicht Vorurteile mit im Spiel sind, bedarf es oft eines intensiveren Dialogs.

Fragen setzen Gespräche in Gang

Die Beziehung zum Gegenüber muss stimmen. Wenn und Aber müssen geklärt werden. Vor- und Halbwissen stellen oft stärkere Barrieren dar als gar nichts wissen. Hier setzt der Dialog auf Geduld und Wohlwollen. Ein Holzhammer ist nicht gefragt. Wenn wir etwas ganz genau wissen, müssen wir uns Fragen vom Gesprächspartner gefallen lassen. Wir müssen unsere Position erklären, anzweifeln lassen. Jede sture Verteidigung einer Position vergrault den Fragenden und beendet den Dialog.

Wohlwollen, Aufgeschlossenheit, Wahrheitsliebe

Überzeugungen wachsen oft nur langsam. Ein Dialog muss das aushalten, sonst verkommt er zum Monolog oder mündet in Schweigen. Ein Dialog, ein wechselseitiges Gespräch, ein partnerschaftliches Miteinanderreden, braucht immer ein bestimmtes Klima. Dieses Klima kann man nicht erzwingen. Man kann aber Voraussetzungen schaffen, damit es entsteht. Wohlwollen, Aufgeschlossenheit und Wahrheitsliebe sind solche Klimafaktoren. Sie gelten auch – und gerade – im Umgang mit Kindern. Dass man Kindern niemals falsche Auskünfte geben sollte, versteht sich dabei nahezu von selbst. Wer mit Kindern umgeht, muss auf Kinderfragen gefasst sein. Kinderfragen sind unterschiedlich intensiv. Immer aber sind Kinderfragen Beziehungsaufnahmen. Auch die hundertste „Was-ist-das-Frage" richtet sich noch an einen lebendigen Menschen und nicht an einen Automaten. Für ein Kind ist es ungeheuer spannend, all die Namen zu erfahren, die Dingen und Lebewesen zugeordnet sind. Eines Tages werden aus „Wauwaus" Dackel, Pudel, Pinscher und Pekinesen. Aus „Hamham" werden Bananen, Äpfel, Kekse und vieles mehr. Das alles muss ein Kind erfragen.

Das Kind blättert die Welt auf wie ein großes Bilderbuch

Alles, was es sieht, hört, fühlt, schmeckt, riecht, muss einen Namen bekommen. Mit dem Namen wird es zum Eigentum des Kindes. Namen (Begriffe) füllen allmählich das große Buch, das Welt heißt. Damit der Schatz (Wortschatz) dem Kind auch sicher ist, muss es jeden Namen, jeden Begriff viele Male wiederholen, viele Male anwenden. Dann erst geht es zu Neuem über.

Spracherwerb ist eine ungeheure Leistung für das Kind. Ohne Beziehung, ohne Dialog mit einem sprechenden Menschen erwirbt kein Kind Sprache. Dialog aber heißt: Fragen stellen, Antwort bekommen, miteinander reden, miteinander etwas erleben, worüber man sprechen darf. Sobald ein Kind das Welt-Bilder-Buch mit Namen gefüllt hat, interessiert es das Wie. Es schafft eine Art von Querverbindung von Bild zu Bild und Wort zu Wort. Es stellt Beziehungen fest, durch die Dinge miteinander verbunden sind: Licht und Schalter, Herd und Hitze, Hund und Bellen. Auch das ist wieder eine große Leistung.

Jede Frage ist ein Schlüssel zur Welt

Das Wörterbuch wird zum Geschichtenbuch. Die Dinge, die Lebewesen haben nicht nur Namen, sie tun auch etwas, funktionieren, bellen, beißen, äußern sich. Man drückt eine Taste, dann erklingt Musik im Radio. Was läge da näher, als nach dem Warum zu fragen? Viele Eltern nervt gerade dieses frühe Fragealter. Für sie ist alles längst klar. Und nun fragt das Kind, warum die Hose ein Loch hat, wenn man aufs Knie fällt. Ja, warum hat die Hose eigentlich ein Loch? Für ein Kind kann diese Frage so wichtig sein, wie die Frage des Autofahrers nach einer bestimmten Straße. Man kann einem Kind ein Stück Stoff geben, damit es sieht, greift und begreift, dass Kette und Schuss eigentlich sehr lose miteinander verwoben sind. Die einzelnen Fäden kann man sogar aus dem Gewebe herausziehen. Mal Kette, mal Schuss. Und wenn man feste mit dem Hammer auf den Stoff schlägt, sieht man, wie die Fäden unter dem Hammer zerreißen. Darum hat die Hose ein Loch! Ein kleines Welt-Rätsel ist gelöst. Die nächste Frage kommt bestimmt ...

Wissen ist nie Fertigware

Bei jeder Kinderfrage gibt es drei Möglichkeiten:

- Man weiß es nicht,
- man weiß es nicht genau,
- man weiß es genau.

Wenn man es nicht weiß, braucht man einen Dritten, der es weiß. Oder ein Nachschlagewerk. Fragende Kinder sollte man nicht mit dem lakonischen Satz abfertigen: Das weiß ich nicht!

Natürlich weiß man vieles nicht oder steht gerade unter erheblichem Zeitdruck. Man sollte dem Kind in jedem Fall einen Kompromiss anbieten: Wir fragen Oma oder die Kindergärtnerin oder sonst wen, oder wir schauen in einem schlauen Buch nach. Weiß man etwas nicht genau, sollte man sagen, was man weiß. Man sollte aber auch hinzufügen, wer noch mehr weiß und wen man fragen kann. So lernt das Kind, dass Wissen erworben und selten nur als Fertigware angeboten wird. Wenn man etwas sehr genau weiß, wird es meist sehr schwierig. Es besteht immer die Gefahr, mehr Wissen an das Kind weiterzugeben als den Gegenwert der Frage.

Jeder guten Frage folgt meist noch eine bessere

Fragen, Kinderfragen zumal, sind meist recht kleine Gefäße, in die man behutsam Wissen füllen sollte. Andernfalls laufen sie über. Oder sie werden nur halb voll. In beiden Fällen ist das Kind nicht zufrieden. Widerfährt ihm das oft, stellt es sein Fragen ein, oder es fängt an zu bohren. Ein Physiker hat sicherlich mehr Probleme als ein Nichtkenner der Materie, wenn es um die Frage geht: Warum geht das Licht an, wenn man auf den Schalter drückt? Zunächst wird es hell, weil in der Glühbirne zwischen zwei Drähten eine kleine Spirale glüht. Beim Verlöschen der Birne kann man das für eine Sekunde beobachten. Damit ist die Frage – zunächst – beantwortet. Mehr wäre unverdaulich.

Die Kunst, Kinderfragen zu beantworten, besteht sicherlich zum großen Teil im Proportionieren des eigenen Wissens

Frage und Antwort müssen sich entsprechen. Die Antwort muss erst vom Kind verdaut werden. Dann klettert die nächste Frage eine Stufe höher. Die Antwort sollte abermals in derselben Höhe liegen. Jede neue Frage zeigt an, ob das vorherige Wissen sich gesetzt hat, ob es Eigentum des Kindes geworden ist. Dann geht das Treppensteigen weiter. Und eines Tages wird dieses Kind tatsächlich zu einem Nachschlagewerk greifen.

Es hat gelernt, dass Wissen viele Quellen hat und viele Facetten, viele Fragen und Antworten notwendig macht. Es reicht, wenn es um Kinderfragen geht, keinesfalls immer aus, ein wandelndes Lexikon zu sein oder eines griffbereit im Schrank zu haben, Sinnfragen richten sich meist an lebendige Menschen, nicht an Lexika. Wenn alle Dinge und alle Lebewesen Namen haben, wenn Funktionen geklärt sind, hört das Fragen noch längst nicht auf. Sinnerhellendes Fragen beginnt eigentlich erst dann, wenn Kinder anfangen, „hinter die Dinge“ zu schauen. Dann wollen sie mehr von den Erwachsenen hören als eine Erklärung der Funktion des Müllschluckers oder des Viertaktmotors. Das große Bilderbuch, das Welt heißt, braucht nicht nur Namen und Geschichten, es braucht auch Sinn, der zwischen den Zeilen steht.

Wer Kindern antwortet, muss sich beständig die Frage stellen, welche Antwort er verantworten kann

Einen fragenden Autofahrer kann man – gewollt oder versehentlich – in die Irre schicken. Er wird sich zurechtfinden. Ein Kind nicht. Kinder sind von uns abhängig. Sie glauben uns. Mit jeder Frage, die ein Kind stellt, fragt es zugleich auch nach unserer Haltung zu den Dingen. Jede Antwort vermittelt ihm: So denkt dieser Mensch. Wir sind – zumindest lange Zeit – das Modell, an dem sich Kinder orientieren. Sie lernen Verantwortung auch aus dem, was wir verantworten. Die Lebenssinnlosigkeit, die viele Heranwachsende heute beklagen, hängt sehr eng mit jenen Antworten zusammen, die sie als Kinder auf existentielle Fragen erhielten. Wir sind verantwortlich für jede Antwort, die Kinder unserer Haltung und unserem Wort entnehmen.

Für Kinderfragen kann es kein Rezeptbuch geben

Kinder sind unterschiedlich, ebenso unterschiedlich sind ihre Fragen. Auch Eltern sind unterschiedlich, ebenso unterschiedlich fallen ihre Antworten aus. Es gibt Kinder, die fragen kaum etwas. Andere fragen den Erwachsenen die sprichwörtlichen „Löcher in den Bauch". Kinder, die nicht oder selten fragen, tasten sich oftmals mit sehr großer Hellsichtigkeit und Sensibilität ans Leben heran. Sie sind kleine Informationsspeicher und scheinen über eine ausgedehnte „Lagerkapazität" zu verfügen. Aus all den Puzzleteilchen, die sie täglich vom Leben erhaschen, setzen sie sich in aller Stille ihr Weltbild zusammen. Ganz unspektakulär reift die kleine Persönlichkeit heran. Von diesen Kindern behaupten Eltern später oft, sie seien „im Hand-

umdrehen" groß geworden. Andere Kinder fordern ihre Eltern täglich aufs härteste heraus – durch endloses Fragen, Experimentieren, Untersuchen, Wissenwollen und Erfahrenmüssen. Nicht selten gedeihen – in ein und derselben Familie solch unterschiedliche „Typen" Seite an Seite und verbringen eine harmonische Kindheit miteinander.

Wer mit Kindern zu tun hat, muss wissen, dass er beständig antwortet, auch wenn keine Frage an ihn gestellt wird

Wir antworten Kindern durch Lächeln, durch Blicke und Gesten. Jedes Wort, das wir sagen, ist zugleich eine Antwort. Schweigen, Nichtbeachten, Darüberhinweggehen sind Antworten, die gerade sensible Kinder hart treffen. Was nicht zur Sprache gebracht wird, ist keineswegs vom Tisch, wie viele Menschen annehmen. Es gärt im Kopf und im Bauch weiter und explodiert zuweilen an einer kaum erklärbaren Stelle. Was wir fühlen, denken, meinen, wird als „Haltung“ definiert. Diese Haltung gibt Kindern beständig Antwort. Fragende sowohl als auch nicht fragende Kinder überprüfen beständig die Haltung der Personen, mit denen sie eine Beziehung verbindet. Bezugspersonen werden zu Vorbildern, zu Modellen, die das Kind nachahmt. Wenn sich die Mutter vor Mäusen fürchtet oder Leberwurst verabscheut, kann sie damit rechnen, dass ihr Kind es ihr nachmacht. Ein Kind braucht lange Zeit, bis es die Vorurteile der Erwachsenen dem eigenen Urteil zu unterwerfen vermag und sich eine eigene Meinung bilden kann.

Kinder nehmen weitaus mehr wahr, als Erwachsene glauben wollen

Es gibt Kinder, denen kann man schlichtweg gar nichts verheimlichen. Je nach Temperament erfragen sie sich den Sachverhalt, der sie interessiert, oder sie tasten sich stumm aber zäh an die Wahrheit heran. Dies gilt besonders für die Themen, die dieses Buch behandelt. Sexualität, Tod und die Frage nach Gott sind tief in der menschlichen Natur verwurzelt und werden durch Haltungen geoffenbart.

Kinder ermitteln, auch wenn sie nicht fragen, gerade diese Haltungen. Sie ermitteln auch, was nicht zur Sprache kommt. Da Sexualität, Tod und die Frage nach Gott den Menschen aber existentiell betreffen, sollte er als Kind frühzeitig lernen dürfen, sprachlich damit umzugehen. Auf diesen sprachlichen Umgang müssen sich Eltern vorbereiten. Und sie sollten sich darauf vorbereiten, dass ihre Kinder an existentiellen Fragen interessiert sind, dass sie die Haltung der Erwachsenen erforschen und nach Antworten suchen. Ein Kind muss das Wohlwollen spüren, mit dem der Erwachsene selbst an die Themen herangeht. Angst und Zögerlichkeit – etwa beim Thema Tod – übertragen sich auf das Kind.

Es wird notfalls lieber grübeln als fragen. Aufgeschlossene Eltern spüren, wenn sie sich den Themen stellen müssen, wann sie Haltung oder erfragte Antworten dem Kind vermitteln müssen: dann nämlich, wenn es etwas erlebt, das einer Erklärung bedarf, oder wenn es gezielt Fragen stellt.

Nie sollte man ein fragendes Kind auf später vertrösten oder gar abweisen

Kindheit ist kurz und kostbar. Wer Kinderfragen – die ausgesprochenen und die stummen – ernst nimmt, sollte nicht einmal gedanklich mogeln. Wahrheitsliebe ist nicht nur im Kinderzimmer unerlässlich. Man sollte zwar zugeben, dass man gelegentlich etwas nicht weiß, aber niemals mogeln.

Ein Kind muss spüren: Ich werde nicht belogen!

Viele Eltern vermeiden Anlässe, die das Kind auf die Themen Sexualität und Tod oder auf die Frage nach Gott aufmerksam machen könnten. Dazu ist zu sagen, dass ein Kind sehr genau spürt, wann der Erwachsene „kneift". Zum anderen nehmen Kinder sehr sicher gerade jene Anlässe wahr, die der Erwachsene vor ihnen zu verbergen sucht.

Auf dem Gebiet der Sexualität sind alle Kinder Forscher, auch wenn der Erwachsene noch so geschickt alle Anlässe unter den Teppich kehrt. Nicht minder berühren Tod und Gott die kindliche Existenz. In diesen Dingen ist ihre Phantasie eher zur Stelle, als Erwachsene ahnen, da dem Kind hierfür oft noch der Wortschatz für das Formulieren seiner Fragen fehlt.

In den ersten Jahren seines Lebens ist das Kind vollauf damit beschäftigt, Namen für Dinge und Lebewesen in sein Welt-Bilder-Buch einzutragen. Dann folgen jene Zeilen, in denen das Wie und Warum steht und schließlich das Woher und Wohin, das alle Menschen ein Leben lang interessiert. Bei diesen Eintragungen brauchen Kinder Menschen, die sich von langer Hand mit den existentiellen Fragen des Menschseins auseinander gesetzt haben, die wissen, wovon sie reden und welche Haltung sie einnehmen wollen.

Die Haltung der Eltern ist die sichere Hand, an der Kinder das Leben wagen

Eltern brauchen Positionen – lang gereifte und oft überprüfte Überzeugungen –, aus denen heraus sie übereinstimmend reden und handeln.

Kinder sind äußerst hellhörig, wenn zwischen Handeln und Reden eine Kluft besteht. Sie sind enttäuscht, wenn ihre Modelle Risse zeigen oder einen Sprung haben.

In den folgenden Kapiteln:

- Woher kommen die kleinen Kinder?
- Wie ist das, wenn man tot ist?
- Wo wohnt der liebe Gott?

geht es vorrangig darum, ein Spektrum der einzelnen Fragen aufzuzeigen, das die eigene Auseinandersetzung möglich macht. Auseinandersetzung hilft, Position zu beziehen, verhilft aber auch zu neuem Fragen. Darum geht es. Wir müssen lernen, die Welt mit neuen Augen zu betrachten, wenn wir uns Kinderfragen stellen und auf das wunderbare Abenteuer einlassen, mit Kindern über Sexualität, Tod und Gott nachdenklich zu reden.

Kinder brauchen Geheimnisse

Aufklärung, wenn man es so nennen will, ist nie fertig, nie abgeschlossen. Betrachtet man Aufklärung als Unterrichtsfach in der Schule, so erhalten die Kinder dort gute oder schlechte Noten für erlerntes Faktenwissen. Davon handelt dieses Buch nicht. Es will etwas ganz anderes, etwas Altmodisches erreichen: Ehrfurcht vor dem Leben. Der Weg dahin führt über das Staunen - Kinder können aus tiefster Seele staunen.

Für dieses Staunen haben sie keine Worte. Ihre Wahrnehmung ist ihr Geheimnis, das den Reichtum ihrer Seele vergrößert. Wir dürfen nicht in sie dringen, ihnen nicht abverlangen, dass sie uns zuliebe ihre Schatzkammern öffnen.

Die Ehrfurcht vor dem Kind verweist uns auf einen bescheiden anmutenden, aber in Wirklichkeit großartigen Platz: Wir leben vor den Augen und Ohren unserer Kinder.

Und wenn das nicht reicht, stellen sie uns Fragen. Und da sie wissen, dass sie nicht belogen werden, nehmen sie unsere Antworten begierig auf. Wie sie indessen mit unseren Antworten umgehen, das ist ihr Geheimnis und Bestandteil ihrer ureigenen und ganz und gar intimen Kinderwelt. Und dazu haben Erwachsene in der Regel keinen Zutritt.

2. Kapitel

Woher kommen die kleinen Kinder?

Wir müssen uns davor hüten, unseren Kindern Sexualität als eine Abfolge körperlicher Funktionen und Stellungen zu verkaufen. Hier richten die Medien schon ausreichend Schaden an. Kindliche Sexualität hat mit den Vorstellungen und Bedürfnissen der Erwachsenensexualität nicht das geringste zu tun.

Kuscheln ist ein Fest für die Haut und ein Feiertag für die Seele

Nähe, Zärtlichkeit und Schmusen gehören zu den menschlichen Grundbedürfnissen. Kinder genießen das Vorrecht, überall und zu jeder Zeit ihr Kuschelbedürfnis in die Tat umsetzen zu dürfen. Sogar in der Öffentlichkeit scheuen sie sich nicht, Zärtlichkeiten mit vertrauten Menschen auszutauschen.

Wenn Jugendliche öffentlich schmusen, gehen die Meinungen auseinander. Noch stärker gehen die Meinungen auseinander, wenn alte Menschen sich in der Öffentlichkeit wie Liebespaare benehmen.

Politiker dürfen sich im Fernsehen ungeniert küssen. Auf der Straße oder im Supermarkt müssten sie mit scheelen Blicken rechnen.

Zärtlichkeit zwischen Erwachsenen hat für die meisten erwachsenen Betrachter eine Art Signalwirkung: Achtung! Es bahnt sich Sex an!

Und Sex gehört nun einmal in den Bereich der gesellschaftlichen Tabus – und damit, leider!, auch zärtliches Verhalten in der Öffentlichkeit.

(Merkwürdig. Wenn Kinder mit Pistolen oder Kriegsspielzeug hantieren, schaut kaum jemand geniert oder aufgebracht zur Seite: Achtung! Es bahnt sich Gewalt an! Ob es sich hier auch um ein Tabu handelt?)

Viele Erwachsene geben zu, dass sie mit ihren Kindern ohne Probleme über jedes noch so heikle Thema sprechen können, aber enorme Schwierigkeiten haben, über Sex zu reden. Nicht, dass es ihnen an biologischen Kenntnissen mangelt – ganz im Gegenteil! Ihre Schwierigkeit besteht darin, den richtigen Augenblick der Nähe zu ihrem Kind zu finden, in dem es leicht und ganz natürlich wird, über den intimsten aller menschlichen Bereiche zu sprechen: über Liebe, Sex, Kinder machen und Kinder kriegen.

Babys sind eine Einheit aus Körper und Seele

Eine der Hauptschwierigkeiten der sexuellen Aufklärung besteht im Fehlen einer kindgemäßen Sprache.

Welche Worte, welche Fakten, welche Begriffe sind Kindern gemäß? Gemäß in einem Bereich, in dem den allermeisten Menschen sowieso die Worte fehlen?

Wer gescheit über Sexualität reden will, bedient sich lateinischer Fachausdrücke. Wer Sexualität zum Gegenstand von Witzen aufbereitet, greift die Sprache der Straße auf. Sie wird nahezu überall verstanden, weil sie weder Tabus noch Umschreibungen kennt.

Paare unter sich, so weit sie der Sprache bedürfen, erfinden meist Worte und Namen, die ihre Intimität auch sprachlich vor Dritten schützt. Wie aber reden wir mit Kindern? Zunächst gar nicht. Babys und Engel haben kein Geschlecht. Wenn das kleine Mädchen beim Berühren seiner Klitoris jubelt und der Junge seine Eichel – quietschend vor Vergnügen – von der Mutter mit dem Wattebausch pflegen lässt, halten wir dies für Zufall. Wenn man so klein ist, hat man doch noch keine Empfindungen! Jedenfalls nicht dort. Denken wir. Die Wirklichkeit ist anders.

Wer Kinder beim Nuckeln an der Brust beobachtet, spürt, wie nach dem Hungersaugen das Lustnuckeln dran ist, folgerichtig wie ein Dessert. Nach dem Dessert lassen die Lippen allmählich die Brustwarze los, und lächelnd, gelegentlich von Lippenlecken und Schmatzen begleitet, versinken sie im Schlaf.

Babys sind Lustspezialisten

Erwachsene tun sich gelegentlich schwer, ihre erogenen Zonen ausfindig zu machen. Babys haben solche Probleme nicht. Babys sind erogene Zonen. Und es gehört schon eine sehr körperfeindliche Einstellung dazu, aus diesem geborenen Lusttalent, durch versagende Erziehung, einen lustlosen Muffel zu machen.

Alle Mütter wissen, dass Babys zunächst keine konkrete Sprache verstehen, keine Worte – im Sinne der Umgangssprache – entschlüsseln können. Trotzdem benützen Mütter vom ersten Augenblick an Sprache. Niemand denkt, dies könnte vergebliche Liebesmüh sein. Doch im Genitalbereich herrscht meist Funkstille. Hier, denken Eltern, hat es noch Zeit mit der Sprache. Hier – versteht das Baby nun wirklich kein Wort. Das mag sogar stimmen. Aber versteht es „Öhrchen", „Näschen" oder „Bäuchlein"? Versteht es „Waschen", „Pudern"?

Eltern sollten sich beizeiten Gedanken darüber machen, welche Sprache, welche Wörter sie für die Sexualerziehung ihrer Kinder verwenden wollen. Wer darauf wartet, dass die Schule ihm dieses Kapitel abnimmt, muss damit rechnen, dass den Kindern dort die menschliche Anatomie so gut und so korrekt beigebracht wird wie die Landkarte Australiens oder Afrikas.

Liebe, Ehrfurcht und Achtung sind im Anatomieatlas nicht verzeichnet

Können in der Weise, wie Eltern es meinen, auch gar nicht Gegenstand des Unterrichts sein. Die frühe Sexualerziehung ist nun einmal Elternsache. Eltern sollten auf diesen wichtigen Part in der Erziehung nicht leichtfertig verzichten.

Obgleich ein sehr großer Teil der Erziehung wortlos, nämlich durch Nachahmung, verläuft, gehört auch Sprache wesentlich mit dazu.

Wer selbst „bitte", „danke" oder „Entschuldigung" sagt, braucht sein Kind nicht – zumeist in der Öffentlichkeit – daran zu erinnern, dass es dies gefälligst zu sagen habe. Kinder übernehmen Sprache und Verhalten der Erwachsenen ohne viel Federlesens. Es ist also Sache der Eltern, der Vorbilder, ob ein Kind von anderen als Stoffel oder als umgänglich empfunden wird, ob es sprachlos oder sprechend handelt.

Es ist erst ein paar Generationen her, dass alles, was nur im Geringsten mit Sex zu tun hatte, unter der Rubrik „das tut man nicht, darüber redet man nicht" in die finstersten Ecken menschlichen Lebens verbannt wurde.

Kein Wunder also, dass für diesen Bereich kaum Sprache vorhanden ist. Wie aber reden wir mit unseren Kindern, wenn die Sprache ohnehin schon knapp ist?

Für Kinder ist es wichtig, dass alles einen Namen hat

Was einen Namen hat, das ist wirklich, das rückt aus dem Bereich des Unaussprechlichen ins fassbare Dasein. Im Grunde ist es nicht so wichtig, wie die Bezeichnungen im sexuellen Bereich lauten. Wichtig ist, dass die Sprachlosigkeit durchbrochen wird und Worte gefunden werden, in die der Erwachsene Achtung und Liebe legt.

So kann das Wort „bumsen" abfällig gebraucht werden, oder Wärme und Aufrichtigkeit transportieren. Es kommt darauf an, wer es auf welche Weise und in welchem Zusammenhang ausspricht. Der Begriff Geschlechtsverkehr ist eine sprachliche Notlösung. Koitus klingt auch nicht besser. Biologisch-physiologisches Wissen, das einem im Sexualkundeunterricht einst selbst beigebracht wurde, bedarf für kleinere Kinder erst der liebevollen Übersetzung. Eltern sollten den Mut haben, die sprachlichen Regelungen, die sie für sich selbst gefunden haben, auch ihren Kindern zu vermitteln. Die aus der Liebe erwachsene Sprache der Eltern kann einem Kind keinen Schaden zufügen. Die „offiziellen" Begriffe kann man ein Kind nach und nach lehren. So wird ihm bewusst, dass zwischen Intimität und Öffentlichkeit ein schützender Zaun besteht. Nicht benennen dagegen leugnet Vorhandensein.

Wer aber wüsste besser als ein Kind, dass der Körper Lustzonen hat, die zum Stimulieren reizen? Ob die Eltern dies erlauben oder verbieten, ignorieren oder tolerieren.

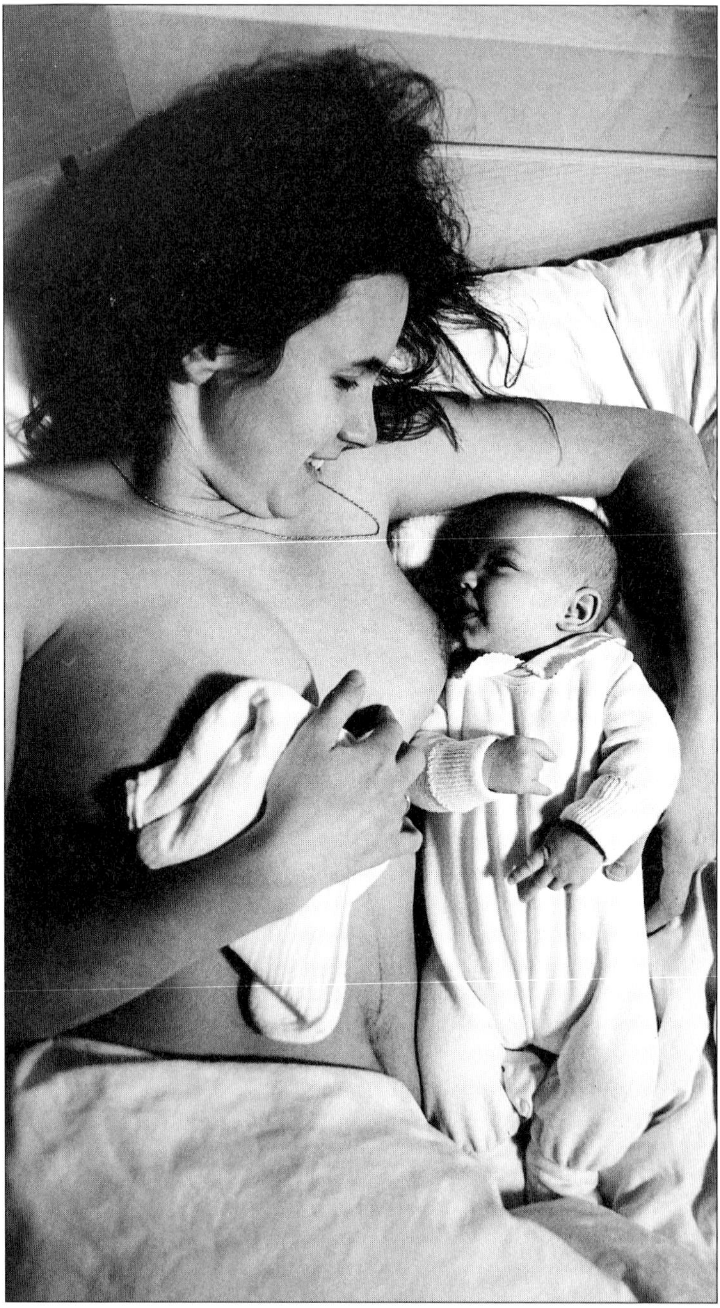

Wer sein Kind akzeptiert, muss akzeptieren, dass Kinder sexuelle Wesen sind

Die kindliche Sexualität zu leugnen, heißt, einen Teil des Kindes zu leugnen. Auch Sprachlosigkeit im sexuellen Bereich leugnet einen wesentlichen Teil des Kindes. Hier müssen sich Eltern ehrlich befragen, warum sie ängstlich oder zögerlich oder gar abweisend auf die Vorstellung reagieren, dass ihr Kind vom ersten Tag an sexuelle Empfindungen haben kann.

Das Dilemma der Sprachlosigkeit beginnt meist gleich nach der Geburt und teilt zudem Kinder in männliche und weibliche Existenzen auf. Alles wird bewundert, angefasst, gestreichelt, bestaunt und benannt. Stolze Eltern bewundern inzwischen auch den strammen Zipfel (Penis, Glied, je nach Sprachgebrauch) ihres Sohnes, schauen nach, ob die Hoden dort sind, wo sie nun einmal hingehören.

Wer aber bewundert die Scheide des kleinen Mädchens und freut sich über die Klitoris? Sind Geschlechtsmerkmale weniger wichtig als Hände und Füße? Menschliche Sexualität beginnt mit dem Augenblick der Geburt. Beginnt auch mit dem Wahrnehmen oder Nichtwahrnehmen der Geschlechtsmerkmale eines Neugeborenen, denn hinter jedem Wahrnehmen oder Ignorieren verbirgt sich eine bestimmte Haltung. Rosa oder hellblaue Windeln ändern daran so wenig wie ein männlicher oder weiblicher Vorname.

Babys wollen rundum geliebt werden

Für ein Kind ist es wichtig, dass sein Körper ohne Tabuzonen anerkannt, geliebt und benannt wird. Viele Mütter begleiten instinktiv ihr Handeln durch Reden, um dem Kind den Spracherwerb zu erleichtern. Da werden die „Öhrchen“ gewaschen, die „Ärmchen“ und „Beinchen“, der „Bauch“ und gewiss auch der „Po“. So lernt das Kind die Wörter kennen, die seinem Körper zugeordnet sind und zu den einzelnen Handlungen gehören.

Zwischen den Beinen wird dagegen in vielen Familien – bis heute noch – meist stumm gehandelt. Bei Mädchen sowieso und bei Jungen in der Regel auch. So lernt das Kind sehr rasch, dass zwischen den Beinen verbotenes Land liegt, unbenannt, von den Erwachsenen ignoriert und links liegen gelassen.

Bald erfährt es auch, dass man seinen Körper erkunden darf und dafür von den Erwachsenen Wohlwollen erntet, solange die Erkundung zwischen den Beinen Halt macht. Wenn ein Kind mit gesunder Neugier ausgestattet ist, wird es sich aber gerade diese Erkundung nicht entgehen lassen, sondern ausgiebig nachholen, sobald es sich unbeobachtet weiß.

Kinder müssen ihren Körper erkunden

Wo Sprache nicht greift und liebevolle Akzeptanz nicht stattfindet, wird ein Tabu geboren, beginnt die Flucht in die Heimlichkeit, geht ein Stück Vertrauen verloren. Es ist längst Binsenweisheit, dass schon Säuglinge ihre Geschlechtsorgane als lustbesetzt wahrnehmen. Vielen Eltern erscheint diese Tatsache als ungeheurer Einbruch in das falsch verstandene „Unschuldsdasein“ ihrer Kinder.

Lust beim Essen, Lust beim Baden, Lust beim Schmusen, ja. Aber Lust zwischen den Beinen? Und das sogar beim weiblichen Säugling? Unvorstellbar! Und da es nicht vorstellbar ist, wird etwas dagegen unternommen. Man muss nicht einmal strafen, um Kindern klarzumachen, dass man dagegen ist. Eltern, die auf ihre Kinder im sexuellen Bereich lustfeindlich reagieren, werden, wenn sie diese eines Tages über die Geburt aufklären, auf den unsäglichen Zusatz nicht verzichten können: „Es tut entsetzlich weh.“ Gemeint ist das als Warnung.

Der Po ist kein Stiefkind

Während der Po für jene Ausscheidungen verantwortlich ist, die oft fürchterlich stinken, sind Penis und Scheide die Verursacher nasser Windeln, Hosen und oft auch Betten. Je nach Einstellung der Eltern zu Hygiene und Sauberkeit erfährt ein Kind sehr bald, wer ihm all die kleinen und großen Malheure einbrockt: der Po. Der Po und das, was sich zwischen den Beinen befindet. Es lernt am ärgerlichen Verhalten der Erwachsenen, dass es sich hier um ziemlich ärgerliche Zonen handeln muss.

Diese Annahme wird um ein Vielfaches noch dort verstärkt, wo ein Klaps auf den Po mit zur Erziehung gehört. Der Volksmund, weise wie immer, macht sich diese Tatsache sprachlich zu eigen und bezeichnet jemanden, der zu gar nichts nütze ist, als den „letzten Arsch".

Meist gehen Lustfeindlichkeit und Sauberkeitsfanatismus Hand in Hand. Da Kinder darauf angewiesen sind, am erwachsenen Modell zu lernen, übernehmen sie die Haltungen und Einstellungen ihrer Vorbilder stillschweigend und machen sie sich zu eigen. Sie gehen damit ja auch gleichzeitig Konflikten aus dem Weg und schützen sich instinktiv vor Liebesentzug.

Wenn der Tag kommt, an dem sie fragen, woher die kleinen Kinder kommen, wissen sie längst, auf ganz und gar sprachlose Weise, dass Kinderkriegen mit den ärgerlichen Zonen des Körpers zu tun hat.

Meist haben sie sich längst schon bei Kameraden kundig gemacht und verstehen ihr Fragen eigentlich nur als Verhaltenstest für die Erwachsenen.

Alle Babys kommen aus Bäuchen

Wenn ältere Kinder nach der Herkunft der Babys fragen, so zeigt dies an, dass wertvolle Chancen des Lernens und des Umgangs mit dem Kind bereits ungenutzt verstrichen sind. Nahezu alle kleinen Kinder sind von Babys fasziniert und überaus hellsichtig, wenn ein Bauch (bei der Kindergärtnerin, bei der Freundin der Mutter oder zufällig in der Warteschlange vor der Kasse entdeckt) dicker ist als der andere.

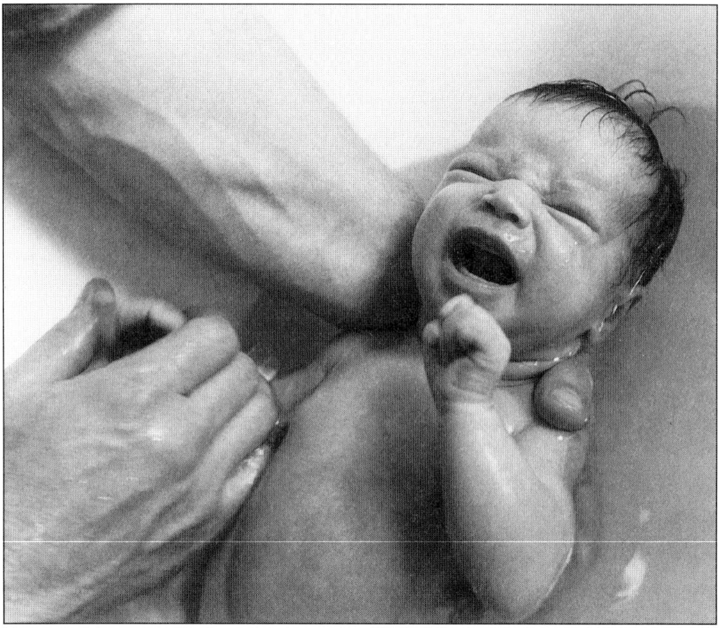

Kinder sind begeistert von der Tatsache, dass Babys in Bäuchen wachsen. Sie haben überhaupt keine Schwierigkeiten, sich an den Bauch ihrer Mutter zu kuscheln, den Daumen in den Mund zu schieben und sich vorzustellen, sie wären tief drin im mütterlichen Bauch. Wenn man dann die Arme um sie herumlegt und sie fest an sich presst, grunzen sie vor Wonne und Dankbarkeit. Dankbar dafür, dass sich ein Teil des Rätsels ihrer Existenz so behaglich gelüftet hat.

Sie verstehen recht gut, dass Laufen und Sprechenkönnen, Spielen, Essen und Trinken der Preis dafür ist, dass sie eines Tages raus mussten aus dem mütterlichen Bauch. Aber sie waren mal drin. Und das ist gut zu wissen.

Staunen, sagt Platon, ist der Anfang der Philosophie. Wenn wir Kinder ernst nehmen, führen wir sie an die Orte der Wunder und an jene Stellen, wo das Leben von sich aus Antwort gibt und Staunen ermöglicht.

Fast alles Leben beginnt in kuscheligen Nischen

Lange galt es als unaufgeklärt und rückständig, Kindern Analogien zu bieten. Dümmstes Beispiel war wohl dies: So wie es die Bienen mit den Blumen machen, machen es auch die Menschen.

Aber wie macht man für ein Kind erfahrbar, wie behutsam die Natur Leben auf verborgenen Wegen vorbereitet? Lange liegt die Bohne oder der Sonnenblumenkern im Blumentopf, von Erde bedeckt. Nichts geschieht. Dann bricht die Erde ein wenig auf, und der Keim stößt ins Freie. Das Wachstum beginnt. Blätter wickeln sich aus und drängen zum Licht. Vielleicht entwickelt sich eine Blüte. Ist das nicht alles sehr erstaunlich?

Ist es nicht erstaunlich, dass nach dem Winter Knospen aufspringen und Tulpen den Weg aus der Zwiebel finden? Die Natur, wenn wir sie dem Kind zumuten wie sie ist, gibt Antwort auf viele Fragen, lange bevor das Kind sie stellt.

Wenn ein Kind erfährt, dass es aus dem Bauch der Mutter gekommen ist, ohne dass es diese Tatsache langwierig erfragen muss, erwirbt es Vertrauen und Zutrauen zum Leben. Der Anfang seiner Existenz ist ihm begreifbar geworden. Später wird es sich fragend oder durch bewusste und unbewusste Erkenntnisse mit der gleichen Intensität um den Tod Gedanken machen. Dieses Thema ist unausweichlich. Und wie beim Thema Kinderkriegen werden auch hier die Weichen sehr, sehr früh gestellt.

Wachstum braucht Schutzraum

Nachdem es feststeht, dass Babys in Bäuchen wachsen, dass alle Menschen einmal Babys waren und in den Bäuchen ihrer Mütter untergebracht waren, dass Hund und Katze, Kuh und Pferd als Babys in Mutterbäuchen heranwuchsen, stellt sich naturgemäß die Frage: Wie sind sie da herausgekommen?

Man sollte diese Frage tatsächlich abwarten und nicht aus heiterem Himmel auf dieses Thema von sich aus zu sprechen kommen. Wenn sich das Kind Gedanken macht, wird es fragen.

Zunächst sind Kinder mit dem Wissen, dass sie Mamas Bauch bewohnt haben, vollauf zufrieden.

In dem Maße aber, in dem sie die Symbiose zwischen sich und der Mutter auflösen, interessiert sie auch die Frage, wie sie sich aus dem Bauch der Mutter „gelöst" haben.

Wie bin ich aus dem Bauch herausgekommen?

Die Antwort hat zwei Ebenen. Die erste betrifft das Kind. Es wollte raus! Mit Stolz nehmen Kinder in diesem Stadium des Fragens zur Kenntnis, dass sie selbst es waren, die raus wollten. Es vereinbart sich gut mit dem, was sie gegenwärtig fühlen: selbstständig sein, alleine tun und wie „Hänschen klein" ein wenig in die weite Welt hinausgehen. Es stärkt ihr Selbstwertgefühl, wenn sie erfahren, mit welcher Kraft und Zielstrebigkeit sie den Bauch verlassen haben.

Die zweite Ebene betrifft die Mutter. Schließlich war sie ja – trotz der gewaltigen Aufbruchstimmung ihres Kindes – nicht unerheblich an der Geburt beteiligt. Wenn das Kind nach den anatomischen Tatsachen seiner Geburt fragt, erwartet es keine blumige Ausrede. Es ist jetzt reif für eine Antwort, sonst hätte es nicht gefragt. Viele Eltern beginnen die Antwort wortreich mit: „Wenn du einmal groß bist ..."

Danach hat das Kind aber gar nicht gefragt. Die Frage, die das Kind wirklich interessiert, heißt: Wie bin ich, ich ganz persönlich, aus deinem Bauch herausgekommen?

Mamas Scheide ist ein Wunderwerk

Also muss man diese Frage auch ganz persönlich beantworten und nicht auf eine Ebene schieben, auf die sie nicht gehört. Spätestens an dieser Stelle wird deutlich, wie unklug und hinderlich es ist, die Scheide als nicht nennenswerten Körperteil zu unterschlagen. Spätestens jetzt muss sich die Mutter dazu bekennen, dass sie eine Scheide hat. Natürlich ist es erheblich leichter,

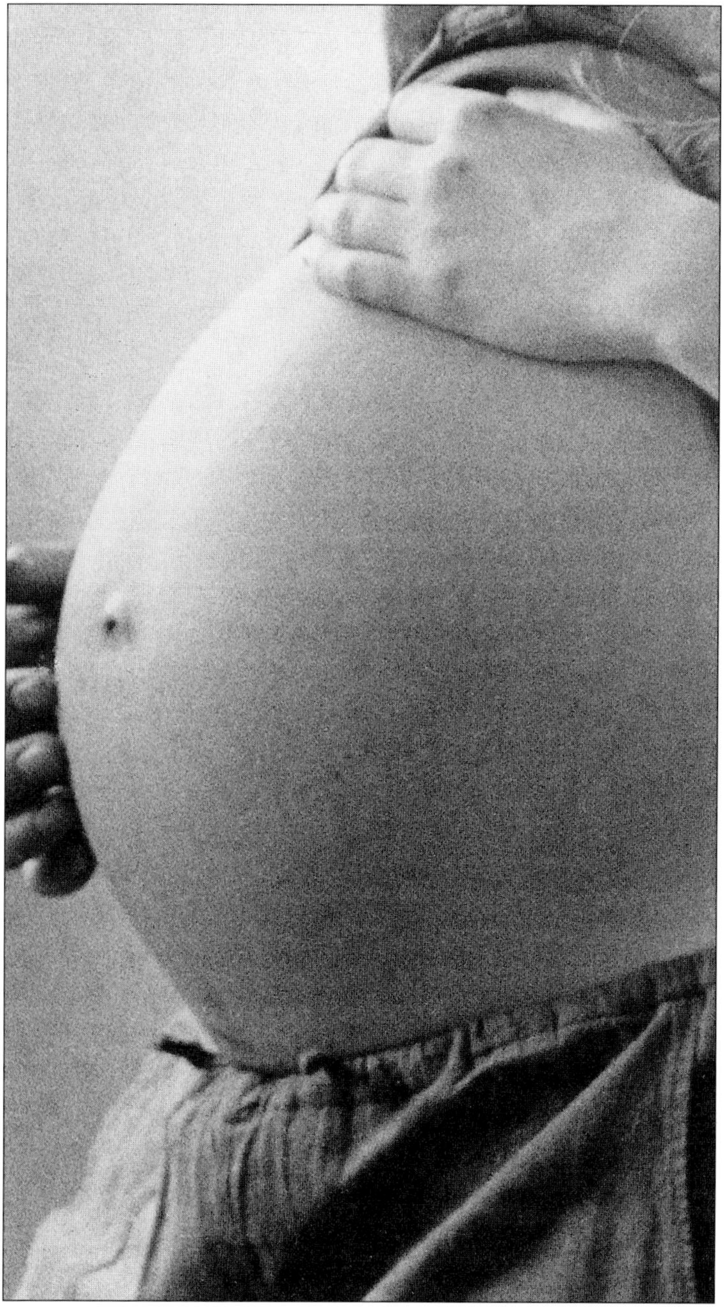

wenn Sohn oder Tochter von Anfang an damit vertraut sind, dass Frauen Scheiden und Männer Zipfel haben. Für Kinder ist es schwer vorstellbar, dass sie, wenn sie einmal erwachsen sind, auch so aussehen wie Vater und Mutter. Sie haben Schwierigkeiten, die Dimensionen zuzuordnen. Von daher ist es sinnlos, ihnen zu erklären, sie würden eines Tages auch Kinder gebären oder zeugen, wenn Scheide oder Penis die rechte Größe dazu hätten. Den Vers machen sie sich später allein.

Jetzt wollen sie das Wunder hören und bestaunen, dass eine Scheide ein bärenstarkes Organ ist. Sie kann sich so weit öffnen, dass ein Baby, ohne sich weh zu tun, mühelos den Bauch verlassen kann.

Schmerzen sind ein Thema für später

Mütter sollten es sich verkneifen, von Komplikationen und Schmerzen zu sprechen. Im Vordergrund steht jetzt der kleine Held, der den Weg in die Welt geschafft hat. Zu einem anderen Zeitpunkt, wenn das Kind mehr von der weiblichen Anatomie weiß, kann man getrost, wenn man es für hilfreich erachtet, mit Humor gestehen, dass Kinderkriegen kein Honigschlecken ist.

Es passt in das Weltbild des Kindes, dass es die Mutter verlassen hat. Es strebt nach Freiheit und Selbstständigkeit, und sein Selbstwertgefühl steigt durch die Heldentat seiner Geburt. Danach sind Kinder meist wieder eine ganze Weile zufrieden. Dann kommt unweigerlich die Frage, die Eltern als den schwierigsten Teil der Aufklärung betrachten:

Wie bin ich in den Bauch hineingekommen?

Manche Eltern retten sich in die Formulierung, Vater und Mutter hätten sich lieb gehabt. Danach hat das Kind aber gar nicht gefragt. Natürlich kann man sagen, Babys seien zunächst so groß wie Stecknadelköpfe. Trotzdem: von nichts kommt nichts. Von irgendwoher müssen auch die Stecknadelköpfe kommen.

Gut, wenn jetzt das optische anatomische Konzept von Mann und Frau dem Kind bekannt ist! Es macht die Antwort erheblich leichter.

Wo die Worte fehlen hilt oft der Zeichenstift

Längst bevor Eltern diese Frage gestellt wird, sollten sie mit Papier und Buntstiften geübt haben, wie sie vor den Augen des Kindes den Befruchtungsvorgang aufzeichnen. Man sollte angstfrei einen Penis, Hoden und eine Scheide mit Klitoris zeichnen können und das Gezeichnete beim Namen nennen.

Gewiss helfen Bücher. Aber das Entwickeln eines Vorgangs vor den Augen des Kindes, von seinen Fragen begleitet, gelenkt und kommentiert, ist wesentlich einprägsamer und lässt das Kind die innere Beteiligung des zeichnenden Erwachsenen spüren. Bücher können danach das Wissen vertiefen und festigen. Schauen Sie sich die Zeichnungen im Buch an. So oder so ähnlich kann man Kindern die wichtigsten Fakten erklären.

Sperma und Eizelle – das große Treffen am Anfang des Lebens

Man sollte die Zeichnungen nicht forträumen, sondern liegen lassen und sich für weitere Fragen bereithalten. Im Verlaufe der Fragen sollte das Kind erfahren, dass Sex den Erwachsenen Spaß macht. Dass sie es oft und gerne, aber am liebsten ungestört tun. Auch hier sollte man nicht das Kind darauf verweisen, dass es, wenn es erst groß ist, auch bumsen, kopulieren oder Geschlechtsverkehr haben darf. Das ist müßig. Man sollte Kinder Kinder sein lassen. Wenn sie groß sind, fällt ihnen von ganz alleine ein, was zum Großsein so alles dazugehört.

Wenn das Kind weiteres Interesse zeigt, ist der Zeitpunkt gekommen, ihm mit einfachen Worten zu vermitteln, dass Eltern sich nicht dauernd Kinder wünschen. Dass sie gut überlegen, ob sie ein Kind haben wollen oder nicht.

Wenn sie kein Kind haben wollen, müssen sie etwas tun, damit der Samen das Ei nicht erreicht. Am leichtesten begreift das Kind die Funktion von Präservativen. Dass es daneben auch noch andere Methoden gibt, kann man getrost für später aufheben. Eltern sollten mit einem farbigen Stift dem Penis auf der schon bekannten Zeichnung ein Kondom malen.

Ein solchermaßen aufgeklärtes Kind muss sich später nicht mit seinen Kameraden über Kondome unterhalten und Rätsel raten, was das wohl Unanständiges sein mag. Es weiß längst, dass erwachsene Männer sich diese Gummihaut über den Penis ziehen, damit nicht aus Versehen im Bauch der Mutter ein Kind entsteht. Wenn es der Wahrheit entspricht, sollte man einem Kind unbedingt sagen, dass es von seinen Eltern gewünscht wurde. Dass sie ohne Gummi miteinander Sex hatten, weil sie ein Kind haben wollten. Das prägt sich dem Kind tief ein:

Mutter und Vater wollten mich haben, sie sind froh, dass ich da bin!

Es kann sein, dass Kinder, sobald sie wissen, was Mutter und Vater da lustvoll miteinander tun, das Bedürfnis entwickeln, dabei sein zu wollen. Man führt gerne ins Feld, dass die Kinder der Naturvölker beständig Zeugung, Geburt und Tod miterleben. Wir sind aber kein Naturvolk. Bei uns ist die Scham zum Kulturgut geworden. Sie lässt sich nicht ohne Schaden abtun. Wird das Kind unverhofft Zeuge des Geschlechtsaktes und ist kein Ausweichen möglich, sollte man ruhig und gelassen sagen, was Sache ist.

Sex macht Eltern Spaß, auch wenn sie sich kein Baby wünschen

Es macht ganz doll Spaß, wenn der Penis an der Klitoris und in der Scheide entlangreibt. Da kann man gar nicht anders, als vor Freude zu hüpfen und vor Vergnügen zu quietschen. Das Kind hat jetzt Vorwissen genug, um ohne Schrecken den Rückweg ins Kinderzimmer anzutreten. Seine Hauptsorge war, Vater und Mutter könnten sich im Bett gestritten oder geprügelt haben. Gegen Liebe haben die allermeisten Kinder keine Bedenken. Provozieren sollte man nie. Kinder haben beim Geschlechtsakt der Eltern grundsätzlich nichts verloren.

Auf die Frage eines Fünfjährigen, wie das denn sei, warum das so laut und spaßig sei, antwortete der Vater: „Das ist so wie beim Kindergeburtstag oder wenn du Erdbeereis mit Sahne und Krokant isst.“ „Ach so“, sagte das Kind und wunderte sich ein bisschen über den seltsamen Geschmack seiner Eltern. Es hielt nämlich zu diesem Zeitpunkt Erdbeereis mit Sahne und Krokant für den höchsten aller möglichen Genüsse. Ein paar Nächte später kletterte derselbe Junge ins Bett seiner schlafenden Eltern. Er weckte erst den Vater, dann die Mutter und fragte verwundert: „Habt ihr heute keinen Kindergeburtstag?“

Während der Geschlechtsakt der Erwachsenen auf ein Kind eher beunruhigend wirkt, bereitet ihm gemeinsames Kuscheln kaum zu überbietendes Vergnügen. Kinder sind in Sachen Nähe, Kuscheln und Schmusen schier unersättlich. Es kann gar nicht eng genug sein. Sie finden immer noch eine Ritze, in die sie sich hineinwühlen – mit Händen und Füßen und Kopf und Po. Meist schlafen sie dann in einer solch verqueren Stellung ein, dass die Erwachsenen vor Staunen wach bleiben.

Liebe, Nähe, Geborgenheit

Nähe ist eben nicht nur Nahrung für die kindliche Haut, sie macht auch die Seele satt. Solche „satten“ Kinder fühlen sich nicht abgewiesen, wenn Erwachsene ihnen klarmachen, dass sie gelegentlich auch einmal ganz allein miteinander kuscheln wollen auf ihre sehr spezielle Art nämlich, die in den Ohren eines Kindes einem Kindergeburtstag nicht unähnlich ist.

Ich wage zu behaupten, dass die tief empfundene Nähe,

dass Kuscheln, Schmusen und eine zärtliche Sprache ein Kind für sein späteres Leben als Sexualpartner besser ausrüsten als allzu frühes Auskennen im Sexualkundeatlas. Ein geborgenes Kind fragt und eignet sich portionsweise das Wissen an, das seine jeweilige Erkenntnisstufe erfordert.

In Phasen aufgeklärte Kinder verlieren zwar nicht gänzlich das Interesse am Thema, wenden sich aber mit gleicher Intensität auch anderen Themen zu. Es gibt ja so viel spannende Themen! Wenn Fragen nicht abgewürgt werden, lässt sich ein Kind Zeit mit dem Begreifen. Nur abgewiesene Kinder reagieren hektisch und bohrend und kleben am Thema.

Es gibt Kinder, die scheinen sich herzlich wenig Gedanken über ihren Körper zu machen. Anderen wiederum ist der eigene Körper eine Art Versuchsobjekt, bei dem sie jede Einzelheit interessiert. Wie kommt es, dass man so oft zur Toilette muss, wenn man viel trinkt? Warum kneift man die Augen zu, wenn das Licht angeht? Woher kommt die Gänsehaut beim Frieren? Warum ist der kleine Finger nicht so groß wie der Mittelfinger? Es gibt kaum etwas an ihrem Körper, das sie nicht brennend interessiert.

Kindliche Neugier kennt keine Grenzen, es sei denn, der Erwachsene setzt sie

Ein Erwachsener setzt meist dort die Grenze, wo kindliche Neugier ihm unangenehm wird. Viele Väter können technische Fragen mit grenzenloser Geduld beantworten, verlieren aber rasch die Nerven, wenn das Kind nach dem Kinderkriegen fragt oder auf Themen zu sprechen kommt, die sexuelle Tabus berühren.

Ein Kind kennt zunächst keine Wertung von Themen. Es wird mit grenzenloser Neugier geboren. Zustimmende oder ablehnende Haltungen Erwachsener erst machen ihm klar: das darf ich, das darf ich nicht bereden. Aber selbst wenn ihm Ableh-

nung beschieden wird, hört die Neugier nicht auf. Ein Kind will und muss sich auseinander setzen: mit sich selbst, mit den Eltern, mit anderen Kindern.

Ein Kind will wissen: Was ist gleich, was ist verschieden?

Dazu muss es zunächst einmal sich selbst be-greifen, danach vergleicht es. Wenn es feststellt, dass an allen Händen der kleine Finger kleiner ist als der Mittelfinger, wird es sich mit seiner Hand zufrieden geben. So sehen Hände aus, wird es sich sagen, und meine auch!

Der menschliche Körper ist das Instrument der Seele

Kinder wissen das intuitiv und beherrschen es meisterhaft, wenn Erwachsene sie nicht dabei stören. Ein Kind, das sich für seinen Körper interessiert, interessiert sich naturgemäß auch für seine Geschlechtsorgane. Es widerstrebt jeder Kinderlogik, dass man zwar lustvoll seine Haarlocke drehen darf – während der Daumen nahezu aufgefressen wird –, Geschlechtsorgane aber von jeder lustvollen Beschäftigung ausgeschlossen sind.

Wenn ein Kind seine Genitalien erkundet, gezielt berührt oder stimuliert, fallen Eltern sogleich hochwissenschaftliche und streng klingende Begriffe ein: Onanie und Masturbation. Um diese Begriffe ranken sich ganz entsetzlich dumme und menschenfeindliche Geschichten.

Eine Zeit lang glaubte man ernsthaft, Onanie könne Rückenmarkschwindsucht herbeiführen. Unzähligen kleinen Buben wurden, noch zu Beginn dieses Jahrhunderts, abends die Hände am Gitterbett festgebunden, damit sie nur ja ihren Zipfel nachts nicht zu fassen kriegten. Es ist belegt, dass noch vor dem Zweiten Weltkrieg im Beichtunterricht gelehrt wurde, wer onaniert, begeht nicht nur eine schwere Sünde, sondern wird auch mit Geschwüren oder gar mit dem Verfaulen der Hände bestraft.

Tatsache ist, dass viele Eltern bis heute nicht davon losgekommen sind, kindliche Neugier in Sachen Sex für ganz und gar verwerflich zu halten. Sie müssen sich die Frage gefallen lassen, wie sie zu ihrer eigenen Sexualität stehen.

Sexualität als Geschenk betrachten

Empfinden Sie Sexualität als Geschenk oder als Notwendigkeit, auf der der Partner – leider – besteht? Sehen Sie Geschlechtsverkehr als notwendiges Übel an, das ausschließlich der Fortpflanzung dient? Glückliche Sexualität im Erwachsenenalter hat sehr viel mit Kindheit zu tun, mit der Ablehnung oder Bejahung der Geschlechtlichkeit, die ein Kind in seinem Elternhaus erfährt. Was uns als Kinder eingeimpft wurde, macht uns oft ein Leben lang zu schaffen. Körperregionen, die zu Tabuzonen erklärt werden, die man nur heimlich betasten oder bereden darf, hemmen die ganzheitliche Entfaltung eines Menschen. Es ist erwiesen, dass ein missachteter Po, der zudem noch Schläge erhielt, sich oft ein Leben lang mit Verstopfung rächt.

Millionensummen, die jährlich für verdauungsfördernde Mittel ausgegeben werden, sprechen beredt von solchen Dramen. Ich erinnere mich gern und oft an den Ausspruch eines alten Dorfarztes in meiner Kindheit: „Was oben rein kommt, kommt unten raus, es sei denn, man kneift den Po zu."

Da ist viel Wahres dran.

Glückliche Sexualität wird in der Kindheit begründet

Hat man heute in gewissem Sinne schon Verständnis für einen Buben, der seinen Zipfel – natürlich aus Versehen! – zum Stehen bringt, so setzt dieses Verständnis bei Mädchen ganz und gar aus. Mädchen und Engel sind – zumindest lange Zeit – geschlechtslos.

Es gibt Zeugnisse aus der Generation unserer Großmütter, die belegen, dass ihnen Sexualität ein Leben lang zuwider war.

Da sie sich jedoch nicht dagegen wehren konnten, ließen sie es geschehen. Es nimmt kaum Wunder, dass gerade sie ihren Kindern jedes frühzeitige Befassen mit Sexualität untersagten. In ihrem Leben war Sex ein so unangenehmes Kapitel, dass sie es ihren Töchtern, so lange es ging, ersparen wollten. Wie aber soll ein Mädchen, das seinen Körper nicht kennt, dem Partner jemals vermitteln können, auf welche Weise ihm Sex Spaß macht?

Kinder haben ein Recht darauf, ihren Körper zu erkunden, anzufassen und sich mit ihm zu befassen. Auch Mädchen. Erwachsene sollten sich da nicht einmischen. Sie sollten allenfalls zur Stelle sein, wenn Kinder Namen wissen wollen, Begriffe suchen oder die Erklärung für eine Funktion brauchen.

Generationen von Frauen haben ihr Sexualleben beendet, ohne auch nur zu ahnen, dass ein Orgasmus möglich ist. Hätte man sie nach ihrer Klitoris befragt, sie hätten sie etwa im Raum der Rachenmandeln oder des Appendix angesiedelt.

Respekt und Ehrfurcht

Wer Kinder ernst nimmt, hilft ihnen, ihren Körper, dieses Wunderwerk der Schöpfung, mit all seinen Möglichkeiten zu begreifen. Respekt und Ehrfurcht sollten dem Kind – bei jeder Frage und in jeder Situation – durch die Haltung der Erwachsenen vermittelt werden.

Sexualität muss aber keineswegs Gegenstand permanenter Auseinandersetzung oder ausschließlicher Unterhaltung sein. Sie ist ein Thema, neben vielen anderen, spannenden Themen, die Kinder interessieren. Sexualerziehung ist ein langer Prozess, angewiesen auf ein Klima des Wohlwollens und der Aufgeschlossenheit, in dem das Kind die positive Haltung der Erwachsenen ermitteln kann. Wenn die eigene Haltung stimmt, wenn wir selbst Sexualität als Glück begreifen, dürfen wir darauf vertrauen, dass unsere Kinder das Modell, das wir ihnen vorleben, akzeptieren und imitieren.

Niemals sollte man einem Kind sexuelle Aufklärung aufdrängen

Vielen Kindern reicht lange Zeit das Wissen aus, dass sie im Bauch ihrer Mutter herangewachsen sind. Sie werden oft erst durch andere Kinder angeregt, gezielte Fragen zu stellen. Sexualität ist ein langer Prozess im menschlichen Leben. Jedes Kind erlebt diesen Prozess anders. Wenn es Anstöße braucht und Vertrauen hat, wird es Signale geben und Fragen stellen.

Wenn Kinder – mit ihrer ganz natürlichen Neugier – in die Heimlichkeit abgedrängt werden, gibt man sie damit der Sprachlosigkeit preis. Sexuellen Belästigungen, die ja immer heimlich und mit der Drohung einhergehen, nur ja mit niemandem darüber zu reden, sind solche Kinder hilflos ausgeliefert. Ein Kind aber, dessen Körper von den Eltern – bis hin zu den Zentren seiner sexuellen Lust – akzeptiert wird, das reden darf und mit dem geredet wird, wird von sich aus Einmischungen eher zurückweisen, mit Sicherheit aber das Bedürfnis haben, solche Übergriffe zur Sprache zu bringen.

Ein Kind muss wissen: Das ist mein Körper, daran haben andere rein gar nichts zu suchen

Ihm ist längst durch die Eltem vermittelt worden, dass sein Körper ein hohes Gut ist, ihm alleine gehört und andere Leute ganz und gar nichts angeht. Sexueller Schaden wird Kindern von gewissenlosen Erwachsenen zugefügt. Kinder unter sich, sofern ihre Erziehung auf ähnlich hohem Niveau stattfindet, fügen einander keinen Schaden zu. Sie tauschen Wissen und Erkenntnisse aus, spielen und lernen handelnd, mit der Sexualität Gleichaltriger umzugehen. Mit der Sexualität Erwachsener hat dies nichts zu tun.

Erwachsenensexualität ist immer eine seelische Überforderung für Kinder, real, im Film oder in Zeitschriften und Büchern. Was Kinder beeindruckt, ahmen sie nach. Eine sehr nachahmenswerte Rolle spielt für sie der Kinderarzt. Wenn Eltern entdecken, dass ihre Kinder Doktorspiele machen, sind sie zumeist alarmiert. Sicherlich wird in diesen Spielen der Genitalbereich untersucht, doch meist interessiert noch viel mehr. Wo reichlich Verbände, Pflaster und Salben zur Verfügung stehen, erstreckt sich das kindliche Interesse gleichrangig auf alle Körperteile, die sich ausgiebig „verarzten“ lassen.

Spielen hilft Kindern, Zusammenhänge besser zu verstehen

Doktorspiele sollte man, auch unter gleich gesinnten Gleichaltrigen, aber nicht aus dem Auge verlieren. (Ein spitzer Gegenstand im Ohr richtet weitaus mehr Schaden an als die Begutachtung der Genitalien!) Doktorspiele sind ein Thema, eine Möglichkeit, sozialen Umgang handelnd zu erlernen. Daneben sollten andere Themen mit der gleichen Intensität, mit der gleichen liebevollen sprachlichen Begleitung dem Kind angeboten und ermöglicht werden.

Es versteht sich, dass man ein Kind nicht überfüttern darf, weder mit Informationen, noch mit Bildern. Keine Antwort sollte mehr enthalten, als die Frage meint. Wer seinem Kind mit Hilfe von Papier und Stiften die Vorgänge von Zeugung, Schwangerschaft und Geburt aufmalt und es selber zeichnen lässt, braucht nicht nur weniger zu reden, sondern kann auch besser kontrollieren, ob das Kind begreift, was man ihm vermitteln will. Beim Zeichnen sollte man das Kind mitreden und dann selber erklären und zeichnen lassen, was da geschieht. Man sollte die Zeichnung auch nicht verbannen, sondern irgendwo aufhängen, damit das Kind sie weiter betrachten und Fragen stellen kann.

Es gibt keine unanständigen Kinderzeichnungen. Unanständige Betrachter sollte man allerdings von gewissen Kinderzeichnungen fernhalten.

Mama, sag mal, wie man Kinder macht!

Mütter können alles, wissen alles und sind Ansprechpartner für kniffeligste Probleme, seltener Väter.

Im Kopf sehr vieler Erwachsener ist der Zeugungsvorgang ein recht abstrakter Vorgang, der sich gerade kleineren Kindern schwer vermitteln lässt. Aber Kinder sind ja noch keine Wissenschaftler, die jedes Detail erforschen, sondern fantasiebegabte Neulinge auf dem Weg ins Leben.

Ihnen reichen Bilder und Anstöße, die sie auf ihre Art weiter verarbeiten können. Lassen Sie Ihr Kind die Bilder hier im Buch anschauen und erklären Sie ihm dabei den Zeugungsakt etwa so (besser wäre natürlich, Sie würden selber malen):

„Mama und Papa haben an dem Tag, als du entstanden bist, ganz viel gekuschelt und geschmust und sich ganz viele liebe Sachen gesagt. Plötzlich hat sich Papas Penis so aufgeregt, dass er sich kerzengerade aufgestellt hat und ganz hart wurde. Mamas Scheide merkte das und begann, erst feucht und dann immer nasser zu werden. So konnte Papa seinen Penis in Mamas Scheide stecken, ohne ihr weh zu tun.

Beim Reiben in der Scheide kamen aus dem Penis plötzlich ganz viele Spermazellen geflossen. Sie hatten vorher im Hoden geschlafen und waren ganz plötzlich munter geworden. Blitzschnell kletterten sie von der Scheide hoch in Mamas Bauch. Dort wartete schon eine Eizelle und stellte sich der Spermazelle in den Weg. Die Spermazelle bohrte sich tief in die Eizelle, bis sie ganz fest drin war. Dann kletterten sie gemeinsam in die Gebärmutter und wuchsen und wuchsen, bis sie Babygröße hatten.

Das Baby warst du! Als du raus wolltest, wurde die Scheide ganz groß und weit und ließ dich rausgleiten. Da haben wir dich dann sehr bestaunt und ganz viel gekuschelt und warm gehalten und dir ganz rasch einen Namen gegeben."

Warum malen so wichtig ist

Ein vorgefertigtes Bild kann ein Kind überfordern, weil es eine andere Wahrnehmung als der Erwachsene hat.

Lassen Sie Ihr Kind zusehen, wie Sie die Dinge sehen, während Sie ihm den ganz konkreten Vorgang seiner Entstehung aufmalen. Nehmen Sie ein großes Blatt Papier und bunte Stifte. Üben Sie es vorher und probieren Sie an Ihrem Partner aus, ob sich eventuell Verständnishürden auftun.

Wichtig sind für ein Kind die Funktion von Penis und Scheide, die Verschmelzung von Eizelle und Spermazelle und die Einnistung in der Gebärmutter, wo das Wachstum beginnt und das Baby bis zur Geburt – durch die Scheide – heranreift.

Damit sind Kinder lange Zeit zufrieden. Erwachsenensexualität interessiert sie nicht. Für sie ist es entscheidend, dass Vater und Mutter ihre Entstehung bewirkt und gewollt haben. Was nach dieser Erkenntnis in ihren Köpfen wirklich vorgeht, wissen wir nicht. Es bleibt ihr gut gehütetes Geheimnis, das sie von Zeit zu Zeit durch neues Fragen nähren.

Wenn Mama und Papa, Anna und Benno nackt sind, sehen sie ganz verschieden aus.

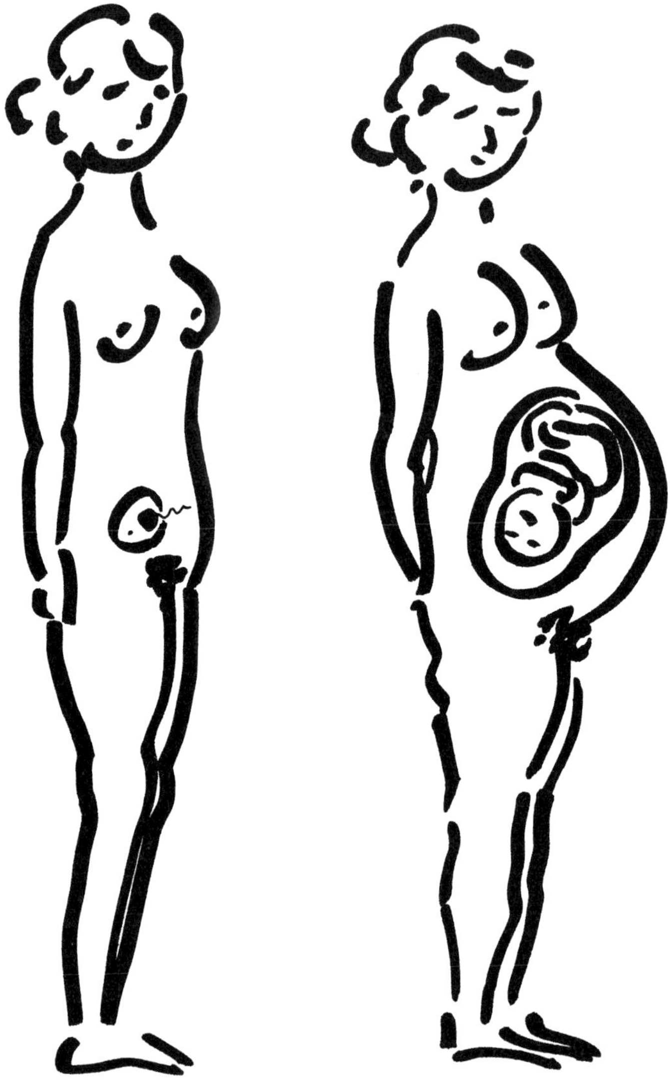

Babys fangen ganz klein an. Zunächst sind sie nur so groß wie ein Stecknadelkopf.

Was Mama kann, kann Papa nicht, nämlich einen ganz dicken Bauch bekommen, in dem ein Baby wächst.

Ein Samenfaden vom Vater

und eine Eizelle von der Mutter reichen aus, um ein Baby entstehen zu lassen. Es muss neun Monate im Buch der Mutter wachsen, bis es geboren wird.

Mama, sag mal, wie man Kinder macht!

Der erklärende Text zu diesen drei Zeichnungen steht kursiv auf Seite 49.

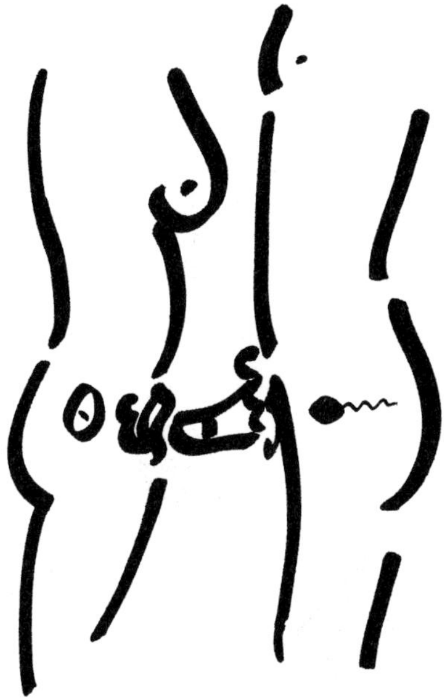

3. Kapitel

Wie ist das, wenn man tot ist?

„Wollst endlich sonder Grämen
aus dieser Welt uns nehmen
durch einen sanften Tod;
und wenn du uns genommen,
lass uns in Himmel kommen,
du unser Herr und Gott.“

Mathias Claudius

Kinder sind geborene Philosophen

Sie wissen recht früh, dass zu jedem Anfang ein Ende gehört, und dass nach jedem Ende etwas Neues beginnt, das abermals endet und Neuem Platz macht. Der Tag vergeht und macht der Nacht Platz. Dann wird es hell, und der Morgen beginnt. Nach dem Mittag kommt der Nachmittag. Dann wird es Abend und wieder Nacht. Tag und Nacht wechseln einander ab. Nahezu alle Eltern kennen das Problem, wenn Kinder gegen die Zeit rebellieren und Tag und Nacht am liebsten vertauschen möchten. Manche Kinder tun sich ziemlich schwer, die Nacht als das Ende eines schönen Tages zu akzeptieren. Sie möchten den Tag endlos ausdehnen. Und trotzdem müssen sie lernen, den Tag loszulassen und die „gute Nacht" als Lebenswirklichkeit zu akzeptieren.

Jahreszeiten kommen und gehen

Auch der schönste Sommer, mit all seinem Badevergnügen und Toben im Freien, geht zu Ende. Widerwillig lassen sich Kinder in die wärmeren Kleider stecken. Bald fallen die Blätter von den Bäumen, und die Blumen welken. Die Vögel ziehen in den Süden. Baum und Strauch werden kahl. Wenn es schneit, wird der Schnee mit Jubel begrüßt. Aber nichts bleibt ewig – auch der schönste Schnee schmilzt. Dann blüht wieder der Löwenzahn. Und wieder wird er Pusteblume und vergeht.

Sowenig, wie man die Tage festhalten kann, sowenig kann man auch die Jahreszeiten festhalten. Wer Kinder Natur erleben lässt, wer ihnen Zeit zum Staunen, Reden und Verweilen gibt, erlaubt ihnen, jene Vorräte anzulegen, aus denen sich lebenslang die wichtigsten Antworten nähren. Es ist eine sehr frühe Erfahrung, dass es Zeit gibt und dass Zeit vergeht.

Zeit hat mit Warten zu tun, mit Hoffen und Abschied. Und wieder mit Warten. Und wieder mit Hoffen. Und wieder mit Abschied. Jede Blume, jeder Baum, jedes Tier fügt sich in diesen Kreislauf.

Selbst einem Stadtkind kann man es ermöglichen, einen bestimmten Baum oder Strauch immer wieder aufzusuchen. Es erlebt die Blüte, das Tragen der Früchte, die Ernte, das Abwerfen der Blätter, den kahlen Baum. Und schließlich wieder den Neubeginn, wenn aus den zaghaften Knospen das erste Grün sprießt, und der Kreislauf von neuem beginnt.

Kinder brauchen keine großen Vorträge über das Leben und Sterben als solches. Sie lernen durch Erleben.

Am Anfang steht das Staunen

Lange bevor das Kind Fragen stellt, antwortet die bestaunte Natur von sich aus.

Kinder ahmen Erwachsene nach. Einstellungen und Haltungen übernehmen Kinder schneller, als es Erwachsene ahnen und ihnen oft lieb ist. Hat ein Erwachsener Respekt vor der Natur, wird dieser Respekt vom Kind übernommen. Allerdings auch das Gegenteil. Kinder schauen ganz genau hin, wenn Erwachsene Käfer zertreten, Hummeln erschlagen oder Blumen achtlos in den Mülleimer werfen. Sie sind hellwach, wenn Erwachsene ihre Haltung zur Natur, zu allen Mitgeschöpfen handelnd offenbaren. Es sind die kleinen Dinge, die ein Kind sich merkt, aus denen es seine eigene Einstellung formt. In einem Klima der Ehrfurcht vor dem Leben – und nur hier – lässt sich mit Respekt vom Tod reden.

Tod ist zunächst nur ein Wort für das Kind

Lange bevor es mit diesem Wort eine Erfahrung verbindet, nimmt es das Wort in seinen Sprachschatz auf, wie etwa „Partei“ oder „Schule“ oder „Altersrente“. Mit diesem Wort verbindet sich zunächst kein konkreter Inhalt. Es wäre also müßig, einem Kind, das keinen Anlass zum Fragen hat, das Wort „Tod“ zu erklären. Wenn das Kind aber einen reglosen Vogel findet, wird es fragen, warum er daliegt, ohne sich zu bewegen. Dann sagt man dem Kind: „Der Vogel ist tot.“ Im Idealfall sollte man – zusammen mit dem Kind den Vogel begraben und dem Kind erklären, warum man das tut! Nichts ist so erlösend wie die Wahrheit! Leider zieren sich aber viele Erwachsene, Kindern gegenüber die Wahrheit zu sagen.

Erwachsene wissen: Was tot ist, wird „beerdigt“

Und nach einer Weile wird es selbst zu Erde. Dies ist kein Glaubenssatz, sondern Naturgesetz und nachprüfbar. Diese Wahrheit ist auch einem Kind zumutbar. Es ist eine Antwort aus der Natur. Keine Fantasie, keine Mogelei.

Ein Kind, das bereits aus der Natur weiß, dass Löwenzahnblüten zu Pusteblumen werden und schließlich welken und vergehen, wird auch begreifen, dass tote Vögel in der Erde (wieder) zu Erde werden. Da das Kind mit dem Entdecken und Begraben des toten Vogels keinen persönlichen Verlust erlitten hat, wird esnach der „Beerdigung“ kaum traurig sein.

Da aber „reglos daliegen“, „tot“ und „begraben“ nun Worte geworden sind, mit denen das Kind einen konkreten Inhalt verbindet, ist es möglich, dass jetzt erste Fragen auftauchen. Noch wahrscheinlicher aber wird es sein, dass das Kind ab da eine Art „Beerdigungssucht“ entwickelt. Jede reglose, also „tote“ Biene, jede Maus im Garten, die sich nicht bewegt, muss beerdigt werden. So verarbeitet das Kind spielend, was da an Neuem auf es eingestürmt ist. Wenn man ein Kind nicht stört, nicht krampfhaft ablenkt, wird es von sich aus nach einer Weile vom Thema „Beerdigen“ ablassen und sich neuen Übungsfeldern zuwenden.

Vielleicht stellen sich aber erste Ahnungen ein, was „tot“ bedeuten könnte. Man sollte dem Thema keinesfalls aus dem Wege gehen, sondern vielmehr Anlässe schaffen, die Kinderfragen ermöglichen. Solche Anlässe werden von vielen Eltern ganz einfach ausgespart. Dass jemand gestorben ist, wird erst beredet, wenn das Kind schon zu Bett gegangen ist.

Leben beginnt und Leben endet

Friedhöfe sind für Kinder tabu. Beerdigungen werden aus dem Kinderleben, so lange es irgend geht, ausgeklammert. Um Sarggeschäfte macht man einen Bogen. Das Kind könnte ja fragen, was das für Möbel sind ...

Eines steht fest: Es macht den Erwachsenen sehr viel Mühe, über den Beginn des Lebens wie auch über das Ende des Lebens mit Kindern unbefangen zu reden.

Ähnlich wie bei der Sexualität – dem Beginn des Lebens – fehlt auch für das Ende des Lebens – Sterben und Tod – die gemäße Sprache. Die Abwesenheit von Sprache aber ist immer ein Anhaltspunkt für das Maß der Verdrängung eines Themas. Noch einmal das Beispiel des reglosen Vogels: Es gibt Eltern, die packen voller Entsetzen – und vor Entsetzen sprachlos – den toten Vogel mit spitzen Fingern in die Mülltonne. Wenn das Kind fragt, was das war, versteigen sie sich zu der Behauptunges sei nur „ein Dreck" gewesen.,

Dreck gehört in die Mülltonne, klar. Da Kinder jedoch meist exzellente Beobachter sind, wissen sie natürlich, dass es sich bei diesem „Dreck" um einen reglosen Vogel gehandelt hat. Und sie wissen gleichzeitig, dass sie auf ein Phänomen gestoßen sind, nach dem man besser nicht fragt. Ein ärgerliches Thema also. Und für Eltern ein vertaner Anlass, den Einstieg in ein Thema zu finden, mit dem sich Menschen – offen oder versteckt – ein Leben lang beschäftigen.

„Du sollst nicht lügen"

Ähnlich wie bei der Sexualität ist das Kind mit seinem Fragen nach dem Tod auf ein Klima angewiesen, das von
- Wohlwollen
- Aufgeschlossenheit
- Wahrheitsliebe

gekennzeichnet ist.

Wohlwollen

Wohlwollen heißt hier soviel wie: „Ich bin froh, dass du dich mit dem Thema beschäftigst. Es ist ein Thema. Es ist auch für mich ein Thema. Lass uns das Thema gemeinsam angehen.“ Man muss Wohlwollen für ein Kind nicht in Worte fassen. Ein wohlwollender Erwachsener breitet ein wortloses Klima aus, in dem das Kind sich getraut, mit seiner eigenen Sprache zu forschen und zu tasten. Dieses Wohlwollen macht das Kind sicher, dass es nichts Verkehrtes fragen kann, dass es keine falschen Worte benutzt und damit in Fallen gerät. Auf die Kinderfrage: „Wann stirbst du denn?“ reagieren die meisten Erwachsenen säuerlich und betreten. Warum?

Aufgeschlossenheit

Aufgeschlossenheit signalisiert dem Kind: „Frag ruhig! Es gibt keine unbedeutenden Fragen. Ich selbst habe auch Fragen, über die ich nachdenke. Vielleicht lerne ich durch deine Sicht der Dinge ja etwas Neues hinzu. Vielleicht stoße ich durch deine Fragen auf Antworten, die ich bislang noch gar nicht bedacht habe.“ Aufgeschlossenheit bedeutet für das Kind, offene Türen einzurennen, anstatt bohren zu müssen und sich und andere zu quälen.

Wahrheitsliebe

Wahrheitsliebe ist eine der unerlässlichsten Tugenden im Umgang mit Kindern.

Ein großer Philosoph hat einmal gesagt, man könne die „Zehn Gebote“ eigentlich in einem einzigen zusammenfassen: „Du sollst nicht lügen!“ Wenn man einem Kind sagt, der reglose, also der tote Vogel schlafe unter der Erde, so sagt man damit schlichtweg die Unwahrheit. Der Vogel schläft nicht. Wir wissen das ganz genau. Wir wissen aber auch, dass Vögel im Frühjahr Nester bauen und Eier legen. Dass sie brüten und Junge großziehen, die dann, wenn sie selbst nicht mehr sind, in den Zweigen sitzen und statt ihrer singen.

Der tote Vogel, soviel wissen wir von der Natur, hat seine Aufgabe erfüllt. Er hat gelebt und dafür gesorgt, dass seine Art erhalten bleibt. Ist diese Wahrheit für Kinder unzumutbar?

Wer einem Kind sagt, ein toter Vogel – oder später: ein toter Mensch – schlafe nur, drückt sich um die Wahrheit und zeigt, dass er Kinder nicht ernst nimmt.

Es ist eine völlig andere Frage, ob man an die Auferstehung der Toten glaubt oder nicht. Man sollte aber Wissen und Glauben nicht vermischen. Das Dilemma beginnt nämlich schon beim toten Vogel: Wird seine Vogelseele am Jüngsten Tag in ein neues Gefieder schlüpfen und abermals singen? Oder haben nur wir Menschen Seelen? Lange nahm man an, Frauen hätten keine Seelen. Ob schwarze Sklaven Seelen haben, auch darüber wurde ernsthaft diskutiert. Kein engagierter Katzen- oder Hundefreund wird sich ausreden lassen, dass sein Tier eine Seele hat, und wer weiß, ob nicht auch Bäume Seelen haben… Glauben und Wissen sollte man trennen.

Vom Tod wissen wir, dass er das körperliche Ende eines Lebewesens ist

Die körperliche Substanz zerfällt, wird zu Erde und reiht sich ein in den Kreislauf von Kommen und Gehen, von „Stirb und werde“. Bei der Beerdigung eines Menschen wird mit einer kleinen Schaufel Erde auf seinen Sarg gestreut. Und es heißt im begleitenden Text: „Kehr zur Erde zurück, von der du genommen bist.“

Wir haben verlernt, von der „Mutter Erde“ zu sprechen. Wir sollten aber Kinder hellhörig machen, bevor auch sie – genau wie wir – in der falschen Richtung Entscheidungen treffen und die Erde lediglich als Beute ansehen.

Woher kommen Wohlwollen, Aufgeschlossenheit und Wahrheitsliebe, also jenes Klima, in dem Kinder Fragen stellen und gemäße Antworten erhalten? Wir alle waren einmal Kinder und unsererseits einem ganz bestimmten Klima ausgeliefert. Wie oft hört man den Satz: „In meiner Familie war Sex kein Thema!" Oder: „Tod? Nein, darüber wurde nicht gesprochen."

Viele Menschen mussten in ihrer Kindheit sexuelle Erfahrungen machen, über die sie niemals geredet haben. Mit dem Tod ist es ähnlich. Nicht nur die Toten, die Beerdigungen, sogar Schmerz und Trauer werden vor Kindern versteckt und geheim gehalten. Viele Kriegerwitwen des letzten Krieges verheimlichten ihren Kindern lange Zeit den Tod ihres Vaters. Sie weinten heimlich. Die Zeiten waren ohnehin schwierig. Sollte man die Kinder auch noch mit dem Tod belasten?

Leben ist dadurch gekennzeichnet, dass es sterblich ist

Ob man Kinder mit dem Tod belasten kann, ist eine Frage, die sich viele Erwachsene stellen. Wer selber in seiner Kindheit beständig vom Thema Tod ausgeklammert wurde, wird sich als Erwachsener schwer tun, mit Kindern unbefangen zu reden.

Es wird sich aber auch jemand schwer tun, über den Tod zu reden, der unverheilte Wunden mit sich herumträgt. Wenn man zwanzig Jahre nach dem Tod der eigenen Mutter – gesteht, man habe sich bis heute nicht mit der Tatsache ihres Todes abgefunden, wird ein Gespräch über den Tod mit Kindern sehr schwierig sein.

„Wer lebt, muss mit dem Tode rechnen." Diesen Satz mögen viele Menschen weder für sich, noch für die Menschen, die sie lieben, akzeptieren. Es geht aber um nichts anderes als um diesen Satz. In einem alten Lied heißt es: „Mitten im Leben sind wir vom Tod umfangen." Wer das akzeptiert, ist dankbar für jeden neuen Tag. Nur mit dieser positiven Einstellung zum Leben entsteht ein Klima, das auch Raum lässt für das Reden vom Tod.

Unser Zeitbegriff ist auf eben die Weise entstanden, wie es zu Beginn dieses Kapitels geschildert wurde: eine Aneinanderreihung von Augenblicken, Stunden, Tagen, Nächten und Jahreszeiten. Wenn jemand gestorben ist, den wir lieb hatten, so bedeutet dies: am nächsten Tag, in der nächsten Nacht, im kommenden Frühling, im Sommer, im Herbst und Winter wird er nicht da sein.

Der Tod ist endgültig

Die Toten sind für immer tot: in allen kommenden Nächten, an allen kommenden Tagen. Dies ist eine sehr schmerzliche Erkenntnis. Wer davon betroffen ist, durch einen akuten Verlust, begehrt auf, wütet, trauert, weint. Es ist ein ganz legitimer Prozess, den man vor niemandem verstecken sollte. Auch nicht vor Kindern.

Verarbeitete Trauer geht langsam in Trost über. Man erinnert sich des Toten, betrachtet seine Fotos, besucht sein Grab. Es erleichtert nicht nur, es macht auch Freude, über ihn zu reden, von ihm zu erzählen.

Kinder haben ein Recht darauf, sowohl am Trauerprozess wie auch an der Phase des Tröstens teilzunehmen. Auf diese Weise erhalten sie das Rüstzeug, mit zukünftigen eigenen Verlusten umzugehen und letztlich fertig zu werden.

Der Tod interessiert Kinder

Wer Kinder hat, muss damit rechnen, dass sie eines Tages nach dem Tod fragen. Und unsere Sprache wird den Kindern verraten, wie wir wirklich denken. Man sollte beizeiten darüber nachdenken, ähnlich wie bei der Sexualität, was wir den Kindern vermitteln wollen. An den Handlungen werden Kinder dann nachprüfen, ob die Sprache wirklich sagt, was der Erwachsene meint. Verreckt ein Tier, geht es kaputt oder stirbt es? Ist der Großvater von uns gegangen, schläft er sich aus oder ist er gestorben? Wie verhalten wir uns, wenn Menschen, die wir lieb haben, tödlich erkranken und das Ende absehbar ist?

In welcher Sprache reden wir mit dem Kind?

In einem hellhörigen Krankenhausflur fragte ein Dreikäsehoch mit schriller Stimme seine Mutter: „Mama, wann stirbt der Papa?“ Die spontane Ohrfeige, die er bekam, war ebenfalls weithin hörbar. Wo kein Klima vorhanden ist, wirken selbst die harmlosesten Kinderfragen als existentielle Bedrohung. Die Ohrfeige hat dem Kind vermittelt: Ich verbiete dir, Angst um deinen kranken Vater zu haben. Väter sterben nicht. Aber sollte irgendetwas geschehen, dann wollen wir wenigstens nicht darüber reden.

Eine Behandlung wie diese müssen wohl viele Menschen als Kinder erfahren haben, oder wie soll man es erklären, dass kaum ein Thema von Erwachsenen so hartnäckig mit Schweigen übergangen wird wie der „allgegenwärtige“ Tod? Da man Kinder nicht in sterilen Gewächshäusern großziehen kann, nehmen sie beinahe zwangsläufig den Tod zur Kenntnis. Ab da ist es ein Thema. Ab da wollen sie wissen: Wie ist das, wenn man tot ist.

Wer kleine Kinder hat, sollte sich auf diese Frage vorbereiten, auch wenn es zu diesem Zeitpunkt noch keinen Anlass dazu gibt. Sozusagen als „Trockenübung“ sollte man gedanklich durchspielen, wie und wie weit man sich mit dem Kind auf dieses Thema einlassen will.

Schon dieses Sich-einlassen-wollen trägt zu jenem Klima bei, in dem Kinder ihre untrüglichen Ahnungen, ihre Befürchtungen und ihre ganz normale kindliche Neugier in Fragen fassen können. Natürlich gibt es keine schlüssige Antwort auf die Frage, wie das ist, wenn man tot ist. Es gibt nur den Versuch, das Thema zuzulassen und dem Kind die Mühsal zu übermitteln, die der Erwachsene lebenslang mit diesem Thema hat.

Johannes Tebbenhoff
Martha Tebbenhoff
geb. Unbefunde

Niemand lebt im Paradies, auch Kinder nicht

Viele Eltern schaffen kein Haustier an, weil sie wissen, dass diese Tierleben oft nur von kurzer Dauer sind. Was dann? Kann man einem Kind denn zumuten, dass der Wellensittich eines Morgens tot im Käfig liegt, dass der Hamster nicht mehr aufwacht oder das Meerschweinchen einen Blähbauch bekommt und daran stirbt?

Sollte man den Kindern nicht das Paradies (ohne Sexualität und Tod) so lange erhalten, wie es irgend möglich ist?

Dem Trugschluss, Kinder lebten im Paradies, erliegen merkwürdigerweise viele Erwachsene. Dieser Trugschluss gilt oft auch als Argument, das Kind nicht beizeiten sexuell aufzuklären, über den Tod zu reden oder ihm auch nur eigenverantwortlich Taschengeld in die Hand zu geben. Die Kinder sollen, so lange es geht, im Stande der Unschuld bleiben und sich wenigstens für diese Weile wohltuend von der, ach so schlechten, Erwachsenenwelt abheben! Jeder Erwachsene aber, sofern er sich erinnern mag und näher befragt wird, muss zugeben, dass er als Kind nicht im Paradies gelebt hat. Dass es auch mit dem Stand der Unschuld nicht soweit her gewesen ist. Wer hätte nicht geklaut, niemals gelogen, sich in der Dunkelheit gefürchtet, Prügel bezogen? Wer hätte nicht Ungerechtigkeit erfahren, Zurücksetzung erlebt?

Generationen kommen und gehen

Die Frage ist, warum wünschen Erwachsene ihren Kindern ein Paradies, obwohl sie doch wissen, dass es diese Paradiese gar nicht gibt? Ein Grund mag der sein: Wir stecken im Verlauf der Kindheit so viel Ungemach weg, dass wir gar nicht anders können, als einen kleinen oder sehr großen Teil davon später auszublenden. Wir schneiden die unangenehmen Stellen aus dem Film, der Kindheit heißt, ganz einfach weg. Übrig bleibt eine Art Heimatfilm, eine schöne Schnulze, in der täglich die Sonne schien und alle Menschen Engel waren. So eine Art Paradies wünschen wir dann unseren Kindern. Man muss schon hart mit sich ins Gericht gehen, um eines Tages zu bekennen: Diese Paradiese sind erfunden! Und: Auch mein Kind lebt nicht im Paradies!

Im Paradies, wie wir es aus der Bibel kennen, gab es keinen Tod. Mit der Erdenwirklichkeit erst kam der Tod. Wo neues Leben erzeugt wird, muss altes Leben sich verabschieden. Wenn es keinen Tod gäbe, stünden auf dem Erdball Milliarden Greise dicht bei dicht, neben ihnen die uralten Tiere, die es seit dem Beginn der Erde gibt, umwuchert von Bäumen und Pflanzen, die ebenfalls unsterblich sind. Es gäbe schon lange keinen Millimeter Platz mehr für neues Leben – einmal abgesehen von der Tatsache, dass weder vergreiste Menschen noch vergreiste Tiere fortpflanzungsfähig sind ...

In jeder neuen Generation steckt die Hoffnung auf eine bessere Welt

Erdenwirklichkeit ist Kommen und Gehen, ist „Stirb und werde". Da Kinder geborene Philosophen sind, kann man mit ihnen (wenigstens mit ihnen!) in aller Offenheit darüber reden. Ihre Phantasie reicht noch aus, sich einen Planeten vorzustellen, der nicht vom Tod, sondern vom Leben bedroht ist.

Jeder neue Mensch, wenn er die Kindheit verlassen hat, denkt über die Welt neu nach. Er verändert, was er als veränderungsbedürftig an der Generation davor erlebt hat. Viele Generationen konnten mit der Tatsache der Todesstrafe leben. Dann kam eine Generation, die über die Abschaffung nachdachte und sie schließlich tatsächlich abschaffte.

Krieg galt bislang als unumgängliches Mittel, seine Rechte gegen andere zu verteidigen. Dann kam eine Generation, die den Slogan formulierte: „Stell dir vor, es ist Krieg, und niemand geht hin." Vielleicht gelingt es kommenden Generationen, den Krieg tatsächlich mit politischen Mitteln überflüssig zu machen.

Noch können wir ruhig schlafen, obwohl Millionen Menschen obdachlos sind. Wir können ruhig schlafen, obwohl Millionen hungern, obwohl Millionen verhungern. Vielleicht sehen die Generationen nach uns die Welt mit neuen Augen und begreifen, dass Gerechtigkeit und Teilen ein Gebot der Schöpfung ist, ein Gebot der göttlichen Ordnung in der Welt, dessen Teil, nicht dessen Herrscher der Mensch ist.

Das Weiterdenken an dieser Welt ist die Aufgabe einer jeden neuen Generation

Ohne Tod gibt es keine neue Generation und damit keine Evolution. Dies ist durchaus ein spannendes Thema für Kinder. Damit bekommt der Tod einen Sinn. Der Mensch ist ein Teil der Schöpfung. So muss er sich akzeptieren und auf den Gedanken verzichten, er könne jemals Herr der Schöpfung werden ... Darüber mit Kindern reden, heißt, ein Klima zu schaffen, in dem das Staunen über diese Welt kein Ende nimmt.

Fast alle Kinder wünschen sich Tiere

Wenn es die Wohnverhältnisse erlauben und die Vorstellungen von Sauberkeit und Hygiene nicht ins Unermessliche gehen, sollten Eltern der Anschaffung eines – kleinen – Haustieres zustimmen. Natürlich können Kinder für Tiere, etwa Meerschweinchen, nicht die volle Verantwortung tragen. Sie können aber lernen, dass ein Tier essen und trinken muss, dass es Groß und Pipi macht, dass es schläft und wacht, sich bewegt und vor Zugluft geschützt werden muss, kurzum: dass es ein Lebewesen ist – mit Ansprüchen, die man befriedigen muss, damit es dem Tier gut geht.

Einem Tier geht es gut, wenn es artgerecht lebt. Manche Tiere leben nur kurz. Darüber kann man mit Kindern gut reden. Es gibt Fliegen, die nur einen Tag leben, und Käfer, die nur einen Sommer vor sich haben.

Natürlich wünscht man sich vom eigenen Tier, es möge ewig leben. Eltern, die sich auf Tierhaltung einlassen, müssen sich beizeiten überlegen, wie sie sich beim Tod des Tieres verhalten wollen. Wenn ein Tier erkrankt und die Krankheit zum Tod des Tieres führen wird, sollte man das Kind vorbereiten. Es darf mit zum Tierarzt gehen, es darf sich an der Pflege beteiligen, es sollte die Trauer mitfühlen dürfen, die herrscht, wenn ein Abschied bevorsteht. Auch der Tod eines Tieres ist ein Abschied. Das Kind soll wissen: Dieses Tier stirbt. Heute oder morgen wird es tot sein. Wir werden es in einen schönen Karton legen und begraben. Wir werden sein Grab kenntlich machen, vielleicht etwas darauf pflanzen. Vielleicht gibt es ein Foto von dem Tier. Man kann es eine Weile in einem Rahmen aufhängen. „Guck, das war unser Hase Rudi. Er war krank und ist gestorben.“ Das Kind wird es jedem Besucher sagen.

Man kann sich mit dem Kind zusammen erinnern, was dieser Hase zu Lebzeiten so alles angestellt hat. Wie er in der Sonne saß und Männchen machte und immer auf den Schoß wollte.

Stirbt ein Tier plötzlich, so fehlt die Phase des Abschiednehmens und bringt zur Trauer noch den Schrecken des Unvorbereitetseins. Man kann dem Kind sagen, das Tier sei eingeschlafen und am Morgen nicht aufgewacht. Manchmal sind Tiere krank, ohne dass man es merkt. Oft hilft diese Erklärung.

Trauer tut immer weh, auch der Tod eines Tieres

Ob der Anlass jäh ist oder vorbereitet, wer traurig ist, weint. Ob Junge oder Mädchen, ob erwachsen oder klein und zum ersten Mal vom Tod betroffen. Weinen erleichtert. Darüber reden, erleichtert auch. Es erleichtert auch, etwas zu tun, was eine Verbindung zum erlittenen Verlust hat.

Eine feierliche Beerdigung, mit all den Vorbereitungen, die dazu gehören, hilft über die erste Trauer hinweg. Danach kann man das Grab herrichten, bepflanzen, den Namen des

Tieres auf eine Tafel schreiben, damit es alle wissen: Hier liegt unser Hase!

Der Hase schläft nicht in seinem Grab. Er ist tot. Sein kleiner Körper, der reglos in der Erde liegt, wird im Laufe der Zeit zu Erde. Ein Kind sollte dies wissen, damit nicht falsche Vorstellungen seine Auseinandersetzung mit dem Tod des Tieres beeinträchtigen.

Trost macht stark

Trauern braucht Zeit. Man sollte diese Zeit dem Kind lassen und nicht wegzureden versuchen. Man sollte dem Kind sagen: „Ich weiß, dass du traurig bist. Ich bin es auch."

Manche Eltern scheuen davor zurück, nach einem einmal erlebten Tod noch einmal das Risiko einer Tierhaltung einzugehen. Wer es sich räumlich und finanziell leisten kann, sollte nach einer Zeit des Trauerns ein neues Tier anschaffen. Das Kind weiß jetzt, dass ein Tier sterben kann. Es hat trauern dürfen und sich wieder getröstet. Da es sich ohnehin nie im Paradies befand, wird es mehr und mehr mit der Erdenwirklichkeit vertraut. Und die heißt nun einmal: Abschied nehmen, trauern, trösten, neu beginnen.

Die Realität der Nahrungskette

Obgleich Kinder wissen, dass alle Tiere sterblich sind, geraten sie oftmals in einen Zwiespalt, wenn sie erfahren, dass das Kotelett in der Pfanne von einem toten Schwein stammt. Eine Dreijährige beobachtete die Erwachsenen bei einem Fisch-Grillfest. Plötzlich lief sie zum Goldfischteich, schaute lange hinein und aß ab da – bis ins Schulalter – keinen Fisch mehr. Solch eine Entscheidung sollte man respektieren. Es wäre fatal, wollte man ein solches Kind zum Fischessen zwingen.

Kinder, die auf dem Lande groß werden, wachsen mit der Tatsache auf, dass alles Fleisch, das sie essen, von Tieren

stammt, die eigens dafür gehalten werden. Wenn Kinder mit Tieren Freundschaft schließen, ihnen einen Namen geben und sie ganz persönlich umsorgen, versteht es sich nahezu von selbst, dass hier das Schlachten nicht einmal erwogen werden darf.

Seit der Vertreibung aus jenem biblischen Paradies, in dem die Menschen nackt waren und die Löwen Gras fraßen, ist eine Nahrungskette entstanden, die vor Fleisch und Fisch nicht haltmacht. Menschen pflanzen Möhren und Gurken für den Verzehr an, züchten zum selben Zweck aber auch Hühner und Gänse. Landkinder tun sich mit der Erdenwirklichkeit meist etwas leichter. Sie erleben, wie die Katze Mäuse fängt, der Fuchs sich ein Huhn holt und die Ente Würmer frisst. Wichtig ist für Kinder, dass sie – seitens des Menschen – einen humanen Umgang mit dem Tier erleben.

Sorge für die Mitgeschöpfe

Ein frei lebendes, artgerecht gehaltenes Schwein wird eines Tages human geschlachtet, damit Menschen Fleisch als Nahrung bekommen. Dies ist Erdenwirklichkeit. Wenn man es nicht akzeptieren kann, muss man Vegetarier werden.

Aber was ist mit Leder, Wolle, Milch und Eiern? Wie schafft es der Mensch, sich gänzlich unabhängig vom Tier zu machen? Da die Grenzen zwischen pflanzlichem und tierischem Leben nicht wirklich ausdefiniert sind, ist auch das Vegetariersein keine leichte Position. Ganz sicher aber wird man einem sensiblen Kind nicht plausibel erklären können, warum Menschen Tiere aller Art zu Industriegütern verkommen lassen. Kinder lehnen sich gegen Tierversuche, Massentierhaltung und Massentierabschlachtung ebenso auf wie jene Erwachsenen, die sich ein sensibles Gewissen für die Mitgeschöpfe bewahrt haben.

Man sollte also, um den Kindern das sensible Gewissen zu erhalten, lieber nur wenig Fleisch essen. Und dies ausschließlich von artgerecht gehaltenen und human geschlachteten Tieren. Oder Vegetarier sein. Man kann nur hoffen, dass neue Generationen an der jetzigen Generation lernen, was dem Mitgeschöpf Tier zumutbar ist und wo das Verbrechen an der Kreatur beginnt.

Wie das ist, wenn man tot ist, vermag kein Lebender zu sagen

Was gesagt wird, ist Spekulation. Wie aber reden wir mit Kindern? Kinder brauchen Beispiele und Geschichten, die ihre Vorstellungskraft nähren.

Dass Tag und Nacht sich ablösen, dass Jahreszeiten wechseln, dass Pflanzen welken und Tiere sterben, gehört in der Regel zu ihren ersten Erfahrungen von Abschied. Sie hören zwar, dass Menschen auch sterben, aber wenn es ihnen nicht bekannte Menschen sind, betrifft es sie nicht wirklich.

Was Tod sein kann, rückt näher, wenn man mit Kindern alte Fotoalben betrachtet. Kinder sehen da nicht nur, wie ihre Eltern als Babys oder Kinder aussahen, sie stoßen auch auf Menschen, die sie niemals kennen lernen werden, weil sie tot sind. Trotzdem erfahren sie etwas sehr Wertvolles: Dieser Mensch hat einen Namen. Man kann sich den Menschen vorstellen, weil es ein Bild von ihm gibt. Und man kann ihn sich vorstellen, weil von ihm geredet wird, weil es über ihn etwas zu erzählen gibt.

Verstorbene leben in unserer Erinnerung weiter

Erwachsene tun gut daran, gerade bei den Fotos Verstorbener zu verweilen und in ihren Erinnerungen ausgiebig zu kramen. Das zeigt dem Kind: So ist das, wenn man tot ist. Die Leute betrachten sich das Foto, erzählen lustige Sachen oder ernste Geschichten, sie behalten sich den Namen und erinnern sich mit Vergnügen an den Menschen, der gestorben ist, oder noch immer klingt Trauer nach. Vielleicht gibt es auch noch Briefe oder Gegenstände, die von diesem gestorbenen Menschen auf dem Foto stammen. Wenn man sie dem Kind zeigt und mit ihm redet, auch über den Verlust, den man durch den Tod erlitten hat, spürt es deutlich: So ist das, wenn man tot ist.

Es bekommt eine Ahnung davon, dass Tote in der Erinnerung der Lebenden weiterleben, dass ihre Seelen nicht mit ihren Körpern gestorben sind.

Früher war es Mode, die Bilder von Verstorbenen zu einer ganzen Ahnengalerie zusammenzufügen. Heute findet man kaum noch die Bilder der Großeltern an den Wänden moderner Haushalte. So sind Fotoalben oft die einzigen bildhaften Beweise, dass Verstorbene in der Erinnerung weiterleben.

Friedhöfe haben etwas Geheimnisvolles, dem sich Kinder nicht entziehen können

Wenn man ein Grab zu pflegen hat, sollte man Kinder von Anfang an mitnehmen. Alles, was mit Handlungen verbunden ist, prägt sich ungleich tiefer ein als Worte. Wenn der Erwachsene am Grab betet oder stumm verharrt, wird das Kind dies aufmerksam wahrnehmen, vielleicht sogar nachahmen. Noch bevor es fragt, wird es wissen: So ist das, wenn man tot ist! Es kommt jemand vorbei, bringt Blumen mit, hantiert mit der Gießkanne und bleibt stumm und nachdenklich eine Weile stehen.

Man sollte von dem Toten erzählen, dessen Grab das Kind kennt. Vielleicht gibt es ja gerade von diesem Menschen noch ausreichend Bilder im Fotoalbum, sodass sich das Kind den Menschen, wie er zu Lebzeiten aussah, auch vorstellen kann.

Erwachsene, die Friedhöfe meiden, bringen Kindern durch ihre Haltung bei, dass dies „unpassende“ Orte sind. Wie soll dann aber ein Kind, wenn es eines Tages einen ihm nahe stehenden Menschen zum Grab begleiten muss, mit seiner Trauer umgehen? Es fehlt ihm das Vorwissen aus jener Zeit, da es noch nicht „betroffen“ war und sich völlig zwanglos auf Friedhöfen umschauen durfte.

Bei Beerdigungen erfährt das Kind Gemeinsamkeit

Viele Eltern klammern ihre Kinder grundsätzlich von Beerdigungen aus. Dabei mag die Vorstellung zugrunde liegen, Kinder lebten im Paradies und dort passe keine Beerdigung hinein. Da es dieses Paradies aber nicht gibt, ist Beerdigung eine der Realitäten, die man einem Kind nicht vorenthalten darf, wenn man kein realitätsfremdes Kind erziehen will.

Wie endgültig der Tod ist, kann ein Kind lange nicht ermessen. Gespräche über Tote, über Fotoalben und Friedhöfe, haben für das Kind zunächst einen, wenn man so will, theoretischen Wert. Sie machen ihm das Thema aber vertraut und geben ihm Rüstzeug für den „Eventualfall".

Das Kind erlebt auf dem Friedhof, bei einer Beerdigung, dass Menschen zusammen sind, dass es Riten gibt, dass der Tote feierlich verabschiedet und in ein Grab gelegt wird. Oft findet nach der Beerdigung ein gemeinsames Mahl statt. Auch dies bestärkt die Vorstellung des Kindes: So ist das, wenn man tot ist.

Mit Kindern über den Verlust reden

Wenn ein Mensch beerdigt wird, dem das Kind nicht tagtäglich begegnet ist, kann es oft die Trauer der Erwachsenen nicht richtig einschätzen. Wir können intensiv um einen Menschen trauern, mit dem uns eine lange Geschichte verbindet. Das Kind trauert dann sozusagen „aus zweiter Hand" mit. Man sollte hier nicht unbarmherzig sein und vom Kind verlangen, dass es mit uns etwas fühlt, was es gar nicht fühlen kann.

Wir sollten das Kind aber lehren – und dies von langer Hand –, fremde Trauer zu respektieren. Trauer zu heucheln sollte man von niemandem verlangen, am allerwenigsten von Kindern. Man muss auch nicht bedeutungsvoll sagen: Der Tod gehört zum Leben! Das Kind begreift dies aus der Kette der Handlungen, in die wir es mit einbeziehen, auf seine Weise ganz von selbst.

Wenn der Tod einen nahe stehenden Menschen trifft, plötzlich, oder nach einer Phase des Abschiednehmens, bleibt oft wenig Zeit, mit dem Kind in seiner Sprache über seinen ganz persönlichen Verlust zu reden. Trotzdem darf ein Kind niemals ohne Begleitung bleiben. Man sollte dann einen verständigen Menschen bitten, sich gezielt um das Kind zu kümmern und mit ihm zu reden. Man sollte auch immer Kindergärtnerinnen und Lehrer verständigen, wenn ein Mensch gestorben ist, der dem Kind nahe stand.

Wenn Erwachsene über den Tod eines geliebten Menschen traurig sind, der auch für das Kind einen Verlust bedeutet, muss das Kind in die gemeinsame Trauer mit einbezogen werden. Man sollte nie die eigene Trauer verbergen, weil man das trauernde Kind nicht auch noch zusätzlich mit dem eigenen Leid belasten will.

„Geteilte Freude ist doppelte Freude; geteiltes Leid ist halbes Leid"

Eine Gemeinschaft stärkt immer, auch wenn es eine Gemeinschaft der Trauernden ist. Oft spielen Kinder nach einer beeindruckenden Beerdigung die erlebten Szenen nach. Dies sollten Eltern als ein positives Zeichen dafür werten, dass sich das Kind mit dem Erlebten auseinandersetzt und im Spiel versucht, das Geschehene zu verarbeiten.

Wenn der Tod das Kind innerlich tief berührt hat, kann es Vater oder Mutter unvermittelt fragen: „Wann stirbst du?" und dadurch die Erwachsenen in einen echten Konflikt stürzen. Unwillkürlich fragt sich der Erwachsene, ob das Kind möchte, dass er nun auch tot ist.

Dies ist eine verhängnisvolle Fehleinschätzung der kindlichen Frage. Ganz schlimm ist es, wenn der Erwachsene zurückfragt: „Ja möchtest du denn, dass ich sterbe?" Darauf kann das Kind gar nicht angemessen antworten, weil es die Interpretation seiner Frage durch den Erwachsenen überhaupt nicht begreifen kann.

Wenn Kinder fragen: „Wann stirbst du?" zeigen sie, dass ihnen bewusst geworden ist: Menschen sind sterblich, Menschen werden beerdigt und sind nicht mehr anwesend. Aus dieser – gewiss beklemmenden – Erkenntnis heraus möchten sie sich vergewissern, ob mit weiteren Verlusten zu rechnen ist. Die Frage: „Wann stirbst du?" enthält im Grunde eine sehr rührende Botschaft: „Bitte, stirb nicht und wenn, sag rechtzeitig Bescheid."

Man sollte das Kind, wenn es eine solche Frage stellt, in den Arm nehmen und ihm sagen, dass man hofft, noch lange, lange bei ihm zu bleiben, um mit ihm zu spielen, zu reden und vorzulesen. Dies ist die Antwort, die das Kind erwartet hat. Gerade wenn es vom Thema Tod aufgewühlt ist, braucht es die Sicherheit, dass es nicht von allen verlassen wird.

Und wann stirbt die Oma?

Wenn ein Kind fragt, wann etwa die Großmutter stirbt, der Onkel oder die Kindergärtnerin, sollte man auch diese Fragen nicht für taktlos halten. Der Tod ist jetzt ein Thema im Leben des Kindes und es möchte wissen, mit fast wissenschaftlicher Neugier, ob es da eine Gesetzmäßigkeit gibt. Kinder lieben Gesetzmäßigkeiten.

Sicher kann man einem Kind sagen, dass Menschen sterben, wenn sie alt sind. Wie alt muss man dann aber sein? Ist jeder Mensch, der Falten und weiße Haare hat, gleich todesverdächtig? Ist 60 alt? Ist 80 der Stichtag? Die Wahrheit ist die: Wir wissen nicht, wann wir sterben. Und da es die einzige Wahrheit ist, über die wir verfügen, sollten wir sie dem Kind sagen.

Es kann zu großen Konflikten im Kinderleben führen, wenn man Krankheit und Tod zu einem untrennbaren Wortpaar verbindet. Krankheiten, die früher unweigerlich zum Tode führten, sind heute längst heilbar. Weitere werden folgen. Verbindet man Krankheit und Tod miteinander, wird das Kind, einmal mit dem Thema Tod befasst, hinter jeder Krankheit gleich Sterben wittern. Dies erzeugt unnötige Ängste, auch vor eigenen Krankheiten.

Natürlich fragen Kinder auch nach ihrem eigenen Tod

Manche Eltern sagen ihren Kindern: „Wenn du immer schön vorsichtig über die Straße gehst, musst du nicht sterben." Diese Antwort enthält gleich zwei Unwahrheiten: Auch wer vorsichtig über die Straße geht, kann, z. B. von einem Betrunkenen, überfahren werden. Auch wer niemals überfahren wird, kann an einer unbemerkten Erkrankung über Nacht sterben.

Wenn ein Kind nach dem Zeitpunkt seines eigenen Todes fragt, sollte man darauf genauso reagieren wie auf die Frage „Wann stirbst du?": „Ich hoffe, noch lange nicht, wir wollten ja noch in den Zoo gehen, Oma besuchen" usw. Dies ist weiter nichts als jenes Quentchen legitime Hoffnung, das allen Menschen erlaubt ist.

Niemand kennt den Tag und die Stunde seines Todes

Dies sollte man nicht wegschieben, weder vor sich, noch vor dem Kind. Wenn das Kind einen ihm nahestehenden Menschen durch den Tod verloren hat, wenn es bei seiner Beerdigung zugegen war, gewinnt die Frage, wie es ist, wenn man tot ist, eine andere Bedeutung.

Jetzt meint die Frage: Wie ist Totsein für den Menschen, den ich kannte und der jetzt beerdigt ist? Dann sollte man dem Kind sagen, was man über Totsein weiß: Der Körper, der jetzt beerdigt worden ist, wird zu Erde.

Man sollte aber auch sagen, dass man einen Menschen, auch wenn er tot ist, genauso lieb haben kann, als wäre er noch lebendig. Man kann ihn zwar nicht mehr anfassen, ihn in kein

Gespräch verwickeln. Aber man kann an ihn denken und sich an ihn erinnern und mit anderen Menschen von ihm erzählen. Man kann an sein Grab gehen, das Grab pflegen. Man kann sein Foto betrachten und dankbar sein, dass man diesen Menschen gekannt hat.

Eines sollte das Kind wissen: Dieser ganz bestimmte Mensch kommt nicht wieder. Sich vorzustellen, einen geliebten Menschen nie wieder zu sehen, tut weh. Man kann dem Kind diesen Schmerz nicht abnehmen. Man kann aber mit dem Kind zusammen die Phase der akuten Trauer durchstehen. Meist trösten sich Kinder wesentlich rascher als Erwachsene. Oft sind die Erwachsenen dann sogar enttäuscht und fragen vorwurfsvoll: „Denkst du denn gar nicht mehr an ...?“ Eine solche Frage sollte man nicht stellen. Sicher denkt das Kind noch an den Verstorbenen. Zum Glück hat es aber den akuten Schmerz überwunden und ist wieder bereit, sich neuen Erlebnissen und Themen zu öffnen.

Manchmal fürchten Kinder, ihr eigenes Verhalten könne Schuld am Tode eines geliebten Menschen sein

Ein sechsjähriges Mädchen hatte unter dem Bett seines Großvaters ein Fünfmarkstück gefunden und ausgegeben. Bald darauf starb der Großvater. Obwohl sich der Großvater nie sonderlich um das Kind gekümmert hatte, da er es als laut und lästig empfand, war das Kind über seinen Tod untröstlich. Die Eltern konnten sich diese übermäßige Trauer nicht erklären, bis das Kind seinem Bruder von dem Fünfmarkstück erzählte. Als der sich dann verplapperte, kamen die Eltern hinter das Geheimnis der Trauer. Das kleine Mädchen hatte allen Ernstes geglaubt, der Großvater sei wegen dieser Dieberei gestorben.

Sensible Kinder glauben sehr rasch, sie könnten etwas verschuldet haben. Von daher ist es ratsam, einem Kind, sofern es dies begreifen kann, auch Todesursachen zu erklären. Dies ist umso wichtiger, je näher der Verstorbene dem Kind stand. Fast alle Kinder hegen dann und wann einen geheimen Groll gegen Nahestehende, etwa Bruder oder Schwester. Auch gegen die Eltern. Kinder müssen wissen, dass man nicht daran sterben kann, wenn ein anderer einem – kurzfristig und im Zorn – Böses wünscht. Der Diebstahl einer Münze führt sowenig zum Tode wie der wütend ausgestoßene Schrei: „Ich wollte, du wärest tot!" oder „Der Papa verkauft dich!"

Man kann einem Kind durchaus sagen, was letztlich den Tod verursacht hat: Das Herz hat aufgehört zu schlagen, ein Tumor ist immer größer geworden, die Nieren haben nicht mehr gearbeitet. Das erzeugt weit weniger Angst, als wenn das Kind im Dunklen tappt und letztlich sich selber die Schuld gibt.

Wenn der Therapeut gefragt ist ...

Wenn die Trauer Erwachsener in sprachlose Verzweiflung übergeht, die längere Zeit anhält, sind Kinder hoffnungslos überfordert. Nicht selten suchen sie dann ebenfalls die Schuld bei sich. Hier sollte man beizeiten einen Fachmann zu Rate ziehen, damit das Kind sich mitteilen kann und so vor bleibenden seelischen Schäden bewahrt bleibt.

Trauer, auch wenn sie vorübergehend mit Weinen, Wut und Aufbegehren einhergeht, gehört zum menschlichen Leben wie Geburt und Tod.

Trauer und Abschied, Trost und Neubeginn sind Stationen, die letztlich menschliche Reife bedingen. Diesen wichtigen Teil des Lebens sollten wir Kindern nicht vorenthalten.

LASSET EUCH VERSÖHNEN MIT GOTT

4. Kapitel

Wo wohnt der liebe Gott?

„Weißt du, wieviel Sternlein stehen an dem blauen Himmelszelt?
Weißt du, wieviel Wolken gehen weithin über alle Welt?
Gott, der Herr, hat sie gezählet, dass ihm auch nicht eines fehlet an der ganzen großen Zahl.“

Wilhem Hey

Wer wohnt in Kirchen und Tempeln?

Während Sexualität vom Kind von kleinauf intensiv erfahren und erlebt wird, treten Tod und Gott zunächst nur als Worte in sein Leben.

Was Tod sein könnte, oder wie das ist, wenn man tot ist, erfährt, erahnt ein Kind etappenweise:

- im Ablösen von Tag und Nacht
- im Wechsel der Jahreszeiten
- im Welken und Werden der Natur
- in kleinen Abschieden und fröhlicher Wiederkehr
- im Sterben von Tieren
- im Sterben ferner und schließlich nahe stehender Menschen.

Je nach Wohnlage oder persönlicher Einstellung kann man den Gang zum Friedhof, die Teilnahme an einer Beerdigung lange hinausschieben. Mit Kirchen ist das schwieriger, weil sie meist mitten im Dorf oder mitten in der Stadt stehen.

Kirchen, Kathedralen, Synagogen, Moscheen, Tempel, Gebetshäuser, selbst wenn sie die Funktion von Museen übernommen haben, sind Orte, an denen Menschen auf sehr unterschiedliche Arten versuchen, Gott „dingfest" zu machen. Jede Religionsgemeinschaft hat ihr eigenes Haus, aber allen ist gemeinsam, dass sie das Haus „um Gottes Willen" errichtet haben und sich dort mit Menschen treffen, die ein ähnliches Gottesbild haben.

Kinder finden Kirchen höchst attraktiv

Wenn sie noch klein sind, interessiert es Kinder wenig, welche Religionsgemeinschaft dort auf welche Weise Gott verehrt. Kinder lassen die Stille, das Dämmerlicht, die Weite und Höhe des Raumes auf sich wirken.

Glocken und Orgelklänge faszinieren Kinder. Brennende Kerzen in einer dunklen Nische beeindrucken nicht nur Kinder.

Man sieht dort oft Menschen sitzen, die sich ganz einfach für eine Weile aus der Hetze des Alltags ausklinken.

Viele Eltern, die keiner festen Religionsgemeinschaft angehören, scheuen sich, mit ihren Kindern Kirchen zu betreten. Was sollen sie antworten, wenn das Kind fragt, wozu das alles gemacht ist? Hier liegt die Angst zugrunde, das Kind könnte schon gleich beim Eintreten in die Kirche das Glaubensbekenntnis der Eltern abfragen. „Glaubst du an Gott?“ ist eine sehr akademische Frage. Kinder stellen solche Fragen lange nicht. Das interessiert sie ganz einfach nicht.

Kinder brauchen, damit ihre Fantasie Nahrung hat und gedeihen kann, Mythen und Märchen. Kein Kind käme auf die Idee, nachdem man ihm ein Märchen viele Male erzählt hat, abschließend die Frage zu stellen: „Glaubst du an Hänsel und Gretel?“ Solche Fragen denken sich Erwachsene aus.

Natürlich sind es zwei völlig unterschiedliche Ebenen, auf denen nach Gott oder nach Hänsel und Gretel gefragt wird. Dies ist hier aber nicht gemeint. Die Ebene des Glaubens ist keine kindliche Ebene.

Die kindliche Ebene ist Schauen, Staunen, Anmutung und das Sammeln von Wörtern und Begriffen

Wenn man dies weiß und nicht die Angst im Nacken hat, tiefschürfende Auskünfte über den Stand des eigenen Glaubens oder Unglaubens geben zu müssen, wird ein Kirchenbesuch weniger problematisch.

Sehr problematisch kann es allerdings werden, wenn gläubige Erwachsene Kirchenbesuche dazu benützen, Kindern erste, jedoch zu diesem Zeitpunkt noch völlig unverdauliche Glaubensinhalte zu vermitteln.

Ein fünfjähriger Junge zog seine Mutter plötzlich um jedes Kirchenportal herum. Er atmete erst wieder auf, wenn die Kirche längst hinter ihnen lag.

Später stellte sich heraus, dass eine sehr religiöse Tante des Kindes einen Kirchenbesuch für eine Glaubensunterweisung genutzt hatte. Angesichts eines Kreuzes mit Korpus hatte sie dem Kind sinngemäß gesagt, hier sei Jesus unter unsäglichen Qualen für es (für ein Kind!) gestorben. Zum Dank müsse es nun immer lieb und gehorsam sein.

Eine unverständliche Botschaft

Wie schuldig, wie elend muss ein Kind sich fühlen, wenn man ihm eine solche Geschichte, in der es handelnde Person ist, aufzwingt. Märchen sind zuweilen grausam. Wenn es aber jemanden hart erwischt, ist das entweder ein erklärter Bösewicht, oder das angetane Böse wandelt sich zum Schluss in Gutes. So macht sich das Kind ein Bild von Gerechtigkeit. Wenngleich ohne Nuancen, sondern nach echter kindlicher Manier schwarz und weiß.

Das Schlimme an der „Aufklärungsstunde" jener frommen Tante ist das Einbinden der kindlichen Person in ein unvorstellbar grausames Geschehen. Hinzu kommt das Knüpfen der Kausalität: für dich! Märchen spielen sich anderswo ab. Hier wurde dem Kind Realität vermittelt. Märchen spielen „in einem fernen Lande", „vor langer, langer Zeit", fernab vom Kind.

Hier wurde dem Kind der blutende Korpus vorgestellt und mit einer sehr persönlichen Botschaft verknüpft. Einer solchen Botschaft kann sich ein Kind nicht entziehen. Es ergreift, vom Holzhammer der „Aufklärung" getroffen, sprachlos die Flucht.

Es war einmal, vor langer, langer Zeit ...

Die Mutter des Fünfjährigen, eine sehr resolute und vernünftige Frau, machte nun von sich aus einen Bogen um alle Kirchen. Zur Weihnachtszeit fragte sie ihren Jungen, ob er mit ihr die Krippe in der Kirche anschauen wolle. Er wollte. Vielleicht hatte er den Auftritt mit der Tante in all den Monaten auch wieder vergessen.

Er war sehr begeistert von der Krippe. Noch begeisterter von Ochs und Esel und den vielen Schafen. Beim Hinausgehen fasste er ganz fest die Hand seiner Mutter und wagte einen vorsichtigen Blick auf die Stelle, wo das Kreuz an der Wand hing. Überall Tannenbäume. Überall Lichter. Vom Kreuz nichts mehr zu sehen. Der Kleine ging erlöst hinaus.

Die Mutter konnte dem Kind nach und nach die Geschichte von Jesus erzählen. In verdaulichen Happen und ohne das Kind zu „bedrücken“ und „persönlich“ einzubinden: Vor langer, langer Zeit, in einem fernen Land ...

Erlebniswelt Kirchenraum

Viele Eltern fragen, wozu ein Kirchenbesuch überhaupt notwendig ist, da sie doch insgesamt von der Sache nichts halten und nicht möchten, dass ihr Kind mit etwas konfrontiert wird, was sie längst überwunden haben. Darauf gibt es zwei Antworten.

Wenn man ein Kind hat, das wenig neugierig ist, das nicht von sich aus ins Kirchenportal drängelt, dann ist ein Kirchenbesuch nicht notwendig.

Wenn ein Kind indessen neugierig ist, vielleicht weil andere Kinder auch dorthin gehen, dann gibt es keinen triftigen Grund, ihm einen Besuch in der Kirche zu verweigern.

Jedes Kind muss seine eigenen Erfahrungen machen – Erfahrungen sind nicht übertragbar

Ein großes Dilemma in der Erziehung besteht ja gerade darin, dass ein Erwachsener „mit Erfahrung“ versucht, ein Kind vor gerade dieser Erfahrung zu bewahren. Motto: Ich habe eine negative Erfahrung gemacht, mein Kind braucht sie nicht mehr zu machen.

Man könnte ebensogut sagen: Ich habe mich satt gegessen, mein Kind braucht nichts mehr zu essen. Schlechte Erfahrungen in der Schulzeit veranlassen manchen Erwachsenen, einem

Kind zu drohen: „Na warte, wenn du in die Schule kommst“! Die Warnung ist unüberhörbar. Sie ist zugleich auch überflüssig.

Kinder müssen sich ihre eigene Meinung bilden

Vielleicht bekommt ja gerade dieses Kind eine aufgeschlossene und gerechte Lehrerin, bei der die Grundschulzeit zum täglichen, positiven Erlebnis wird. Wozu also warnen? Erfahrungen werden sehr individuell und unterschiedlich gemacht.

Je offener und unbelasteter ein Kind seine ganz persönlichen Erfahrungen machen darf, desto sicherer wird es im Abschätzen von Situationen. Es bildet sich eine – nämlich eigene – Meinung. Es geht auf Dinge und Menschen zu, ohne den Ballast des Erwachsenenvorurteils.

In Versuchsklassen mit behinderten und nicht behinderten Kindern wurde immer wieder festgestellt, dass Kinder, die nicht durch die Vorurteile Erwachsener belastet sind, ganz unbefangen miteinander umgehen. Sie nehmen einander als Kinder wahr, mit denen man dies oder jenes tun oder nicht tun kann. Sie kennen weder Spott noch Hänseleien oder gar Missachtung, deren Auslöser die Behinderung wäre. Wenn man einem Kind sagt: „Der ist blöd, der ist krank, mit dem spielst du nicht“, bringt man es um eine sehr wesentliche menschliche Erfahrung.

Kinder brauchen eigene Erfahrungen, um reife Persönlichkeiten zu werden

Man kann sie nicht unter eine Käseglocke setzen und vorsortieren, womit sie sich zu beschäftigen haben und womit nicht. Kirchen, das wurde schon einmal gesagt, sind insofern unausweichlich, als sie einfach dastehen und zuweilen sogar offen sind. Dass Kirchen mit Gott zu tun haben, finden Kinder meist selbst heraus. Ihnen genügen ein paar Äußerungen, den Rest legen sie sich selbst zurecht. Wer immer Gott ist, Kindern imponiert, dass er solche stattlichen Häuser hat.

In manchen Kirchen muss man schrecklich leise sein. Die Begründung kann kein Kind begreifen. Hat Gott eine so schwache Konstitution, dass ihm Babygeschrei, Kinderlachen oder Füßegetrappel auf die Nerven gehen?

Wer je einen Gottesdienst in Schwarz-Afrika erlebt hat, ahnt Gottes Nervenstärke.

Bitte nicht stören!

In manchen unserer Gotteshäuser hängt schon gleich am Eingang ein Schild: Bitte verhalten Sie sich ruhig im Innern des Gotteshauses! Wenn wenigstens noch darunter stünde: Kinder ausgenommen!

Die sprichwörtliche Kirchenstille ist eine Erfindung von Leuten, die von Kindern keine Ahnung haben, vermutlich ebenso wenig von Gott. Ein Kind, das durch ein Gotteshaus hüpft und eigene Liedschöpfungen singt, wird von allen schräg angeschaut. Noch schräger wird die Mutter angesehen. Sie sollte doch am ehesten wissen, dass sich so etwas in einem Gotteshaus ganz und gar nicht gehört.

Ochs und Esel, Schaf und Ziege

Man kann einem Kind erklären, dass es sich ruhig verhalten muss, weil die Leute sich sonst gestört fühlen.

Diese Erklärung kann ein Kind begreifen. Es macht ja auch anderweitig die Erfahrung, dass große Leute sich sehr rasch durch Kinder gestört fühlen. Wenn ein Kind Kirchenbegeisterung entwickelt, sucht man sich am besten eine Zeit aus, zu der andere Menschen keine Zeit haben und lässt ihm eine große Weile zum Untersuchen der Kirche. Wenn ein Kind fragt, was dies oder jenes sei, sollte man ihm sagen, was man weiß. Man sollte aber auch getrost zugeben, was man nicht weiß. Theologische Begriffe interessieren ein Kind lange nicht. Theologische Streite noch viel weniger. Dass Maria Jesus im Bauch hatte,

ist für ein Kind weitaus wichtiger als irgendwelche Theorien darüber, wie man als Mutter noch Jungfrau bleibt.

Weihnachten macht Kirchen für Kinder noch attraktiver, als sie es ohnehin schon sind. Man muss kein gläubiger Christ sein, um mit einem Kind zusammen eine Krippe zu betrachten. Tatsache ist, dass zu Weihnachten Jesus von Nazareth Geburtstag feiert. Damit die Menschen sich seine Geburt – vor langer, langer Zeit, in einem fernen Land – vorstellen können, bauen sie die Ereignisse nach. Jesus wurde in einem Stall geboren. Seine ersten Besucher waren Tiere. So erzählt es die Bibel.

Tröstliche Riten ...

Ein Kind, das schauen und staunen darf, verlangt kein Glaubensbekenntnis von seinen Eltern, keine Theologie. Keine Erklärung für eine Geschichte, die seine Fantasie beflügelt. Man kann einem Kind erklären, wie ein Müllschlucker funktioniert oder ein Wasserwerk. Eine Kirche kann man nicht erklären. Kirche ist: Ein Haus, das Menschen für Gott gebaut haben. Sie gehen in dieses Haus, um über Gott zu reden und gemeinsam zu singen. Man muss nicht im strengen Sinne gläubig sein, um einem Kind eine solche Erklärung zu geben. Sie entspricht zudem der Wahrheit und lässt die eigene Einstellung offen. Unsere Kultur und unsere Zivilisation sind von 2000 Jahren Christentum geprägt. Dazu muss man als Atheist ebenso stehen wie als Gläubiger oder desinteressierter Christ. Wir feiern Ostern, Weihnachten, Pfingsten. Wir schwören bei Gott. Wir sagen ständig: „O Gott, um Himmels willen, hol's der Teufel, du bist ein Engel", also Begriffe, die eigentlich religiöse Wurzeln haben. Religion ist ein Pflichtfach in der Schule. Selbst dort, wo statt Religion Ethik erteilt wird, werden Religionen zumindest vorgestellt. Unterschlagen wird gerne, dass Religionen für viele Menschen echte Lebenshilfen sind. Sie vermitteln Lebenssinn, die Nähe menschlicher Gemeinschaft und tröstliche Riten.

Es ist naiv, ein Kind von allem, was mit Religion zu tun hat, fern zu halten

Es ist einem Kinde sowenig zuträglich wie das Fernhalten von Sexualität und Tod.

Alle drei Themen berühren die Existenz eines Kindes. Sie berühren menschliche Existenz schlechthin. Kein Erwachsener hat das Recht dazu, einem Kinde vorzuschreiben, um welche Existenzfragen es sich kümmern darf und um welche nicht. Viele Eltern reden mit ihren Kindern lieber über Sexualität und Tod als über Gott. Es ist einfach leichter. Man kann sich auf Fakten berufen. Es gibt kluge Bücher, deren Inhalte beständig überprüft werden. Die Wissenschaft redet ein gewichtiges Wort mit. Wer aber redet wissenschaftlich über Gott, beweisbar, nachprüfbar?

Beim Thema Gott quellen zumeist die Emotionen und Erfahrungen über und machen das Thema eng

Schmink dir Gott ab, möchten sie am liebsten sagen, an den habe ich auch mal geglaubt, aber das ist lange vorbei!

Dahinter steckt ein Gottesbild, zu dem Gott so wenig etwas kann wie zu dem Schild: Bitte Ruhe im Gotteshaus!

Religion wird als Weg zu Gott definiert. Viele Religionen behaupten, sie böten den einzig wahren Weg an. Damit werden zwangsläufig andere Religionen zu Irrwegen.

Dies mag mit ein Grund dafür sein, dass sich heute viele Menschen in Sachen Religion sehr schwer tun.

Die Religion, in der sie getauft und erzogen wurden, mögen sie längst nicht mehr. Weshalb sollen sie das alles also ihren Kindern zumuten? Sie sollen nicht.

Sie sollen nur nicht den Fehler machen, ihrem Kinde zu vermitteln: Für mich war in diesem Sortiment nichts drin und damit auch nicht für dich! Ein Kind soll, ein Kind muss die Welt mit neuen Augen sehen und neu über sie nachdenken.

Wir dürfen unseren Kindern nicht unsere Resignation vererben

Alle Versuche, sich selbst und dem Kind die Welt zu erklären, münden in Ungewissheit. Warum gibt es Leid? Warum verunglücken Kinder? Gibt es ein Leben nach dem Tode? Warum lässt Gott Katastrophen zu? Es gibt endlos viele Fragen dieser Art. Natürlich ist es sehr viel einfacher, Gott für den Unfalltod eines Kindes zur Rechenschaft zu ziehen als einen Autofahrer oder die Mentalität der Autofahrer schlechthin. Wenn die Ehe zerbricht, kann man natürlich fragen, warum Gott das zugelassen hat.

Wenn ein Berg ins Rutschen kommt, kann man natürlich fragen, warum Gott nichts dagegen unternimmt, dass Menschen bei diesem Bergrutsch umkommen. Auf alle diese Fragen gibt es eine kurze Antwort:

Gott respektiert unsere Freiheit

- Wir sind frei, zu verwüsten und zu zerstören.
- Wir sind frei zu lieben.
- Wir sind frei, Berge zu versetzen und Wälder zu roden.
- Wir sind frei, die Luft zu verpesten und Flüsse zu vergiften.
- Wir sind frei, Menschen zu quälen und sinnlos Tiere zu töten.
- Wir sind frei, die Schöpfung zu respektieren und für kommende Generationen zu bewahren.
- Wir sind frei, zu lieben und zu teilen und gerecht zu sein.

Man kann das einem Kinde erklären. Ein Kind versteht das.

Wenn Gott beständig für uns Entscheidungen träfe und die Welt für jeden Einzelnen im Kleinsten regeln würde, wären wir Gottes Marionetten

Eltern, die für ihr Kind alles und jedes regeln, jeden Schritt bewachen und keine Anweisung auslassen, verhalten sich etwa so, wie manche Menschen sich einen Gott wünschen. Sie nehmen dem Kind die Freiheit zu handeln und sein Handeln selbst zu verantworten. Sie kaufen ein und füllen den Kühlschrank und decken den Tisch. Aber nur ein Kind, das Brot kaufen sollte, dies aber überm Spielen vergaß, lernt bei Äpfeln statt Brot zum Abendessen, was Verantwortung ist. Gott, wie man ihn einem Kinde erklären kann, sucht starke Freunde, die Verantwortung hoch schätzen. Ein starker Freund hält zu einem aus freien Stücken. Man muss ihn nicht mit Schokolade oder Spielsachen bestechen. Man kann ihm die Meinung und die Wahrheit sagen. Ein Freund steht so etwas durch, ohne zu wanken.

Wer schuf Himmel und Erde?

Ein Kind kommt gut damit zurecht, wenn man ihm sagt: „Gott hat die Welt erschaffen.“ Freilich kann man ihm vom Urknall erzählen. Man kann ihm auch noch andere Theorien vermitteln. Man kann aber auch abwarten, wie das Kind im Laufe der Jahre selbst mit der Botschaft umgehen möchte: Gott erschuf Himmel und Erde.

„Und Gott der Herr pflanzte einen Garten – in Eden gegen Osten hin – und setzte den Menschen hinein…
(1. Mose 2,8)

Eines Tages hat Gott Himmel und Erde den Menschen anvertraut. Dann nämlich, als sie soweit waren, Gut und Böse zu erkennen. So erzählt es die Bibel. Das war vor langer, langer Zeit, vor zwei oder vor drei Millionen Jahren. Seitdem gehen die Menschen mit der Erde um. Seitdem mühen sie sich zwischen Gut und Böse ab. Und das ist der Stand bis heute. Man kann ein Kind nicht verbiegen, wenn man ihm die Welt auf diese Weise zu erklären versucht. Es kann später die noch leeren Zeilen mit Wissen und Erfahrungen füllen. Das Grundgerüst, mit dem sich leben lässt, ist relativ einfach: Wir sind frei, und nur in Freiheit gedeiht Freundschaft.

Die Erde, auf der wir leben, gehört uns nicht, wir verwalten sie für einen guten Freund

„Bewahrung der Schöpfung" ist zum Schlagwort geworden, „Ihr habt die Erde nur geborgt von euren Enkeln" auch. Die Menschen beginnen sich wieder auf Himmel und Erde zu besinnen. Sie beginnen, ihre Verantwortung für Himmel und Erde neu zu entdecken und wieder ernst zu nehmen.

Gott hat sich die Welt ausgedacht, ursprünglich als Paradies. So erzählt es die Bibel. Das Paradies gängelte die Menschen. Sie wollten Freiheit haben. Gott schloss das Paradies zu und gab den Menschen Himmel und Erde als Lebensraum. Es gibt viele Stellen in der Bibel, aus denen hervorgeht, dass Gott die Menschen gerne zu Freunden hätte. Da er ihnen aber die Freiheit gegeben hat, muss er ständig bangen, dass ihm die Freunde nicht davonlaufen. Auch davon erzählt die Bibel. Eine Beziehung, die nur durch Kontrolle und Freiheitsberaubung besteht, hat mit wirklicher Freundschaft nichts zu tun. Erst wenn der Freund getrennt ist und ohne Kontrolle und Gängelei an einem fernen Ort lebt, kann er sich in Freiheit für oder gegen die Freundschaft entscheiden.

Wir sind nicht Gottes willenlose Marionetten

Es gehört sehr viel Liebe dazu, einem anderen die Freiheit zu geben. Gott liebt die Menschen, sonst hätte er sie als seine Marionetten behalten, um ihrer ständig sicher zu sein. Welches Kind hätte da Verständnisschwierigkeiten? Hat nicht mit dem Laufenlernen seine eigene Freiheit begonnen, von der es sich täglich ein Quentchen mehr erwirbt? Oft erkämpfen muss, weil den Eltern Marionetten sehr viel sicherer und angenehmer sind?

Ein Kind, dem man die Welt so erklärt, wird später nicht verbittert fragen: Warum lässt Gott das zu?

Viele Erwachsene glauben, Gott sei ein Schalter, ein Knopf,

auf den man nur recht drücken müsse, dann stelle er dieses oder jenes für uns ganz einfach ab oder an. Funktioniert der Schalter nicht, ist die Schlussfolgerung einfach: Es gibt keinen Gott.

Gott schickt uns keine Katastrophen

Es gibt keinen Gott, sonst fänden große Kriege und große Katastrophen erst gar nicht statt.

Etwa 60 Millionen Menschen verhungern weltweit jährlich. In der Dritten Welt sind Dürre- und Hungerkatastrophen von langer Hand vorprogrammiert. Gott schickt diese Katastrophen nicht. Er verhindert sie nicht. Es sind Katastrophen, es ist Hunger, von Menschen gemacht. Aufgezwungene Monokulturen, geplünderte Böden und gerodete Wälder, dazu die Ausrottung oder Versklavung der einheimischen Stämme und Völker ermöglichten den einen Reichtum und machten die anderen bitter arm. Warum soll Gott eingreifen? Und vor allem – wie? Soll er jedem von uns zwei Drittel unserer Habe abnehmen und an jene zwei Drittel der Menschen verteilen, die unter dem Existenzminimum oder knapp darüber leben? Ein solcher Knopfdruck auf den Schalter „Gott“ würde langfristig gar nichts regeln.

Die Katastrophen macht der Mensch sich selbst

Das müssen wir Menschen schon selber in die Hand nehmen: Durch Umdenken, durch Vernunft, durch das Nachdenken über Gerechtigkeit. Durch Teilen und Verzichten. Durch eine andere Einstellung zu Menschen, zu Rassen, Hautfarben und Religionen. Durch den Abbau von Feindbildern. (Es gibt heute eine Form von Tourismus, die von tiefer Verachtung geprägt ist, der Jagd- und Sextourismus in die Dritte Welt. Hier liegt ein schlimmes Feindbild zugrunde.)

Auch Kriege sind Katastrophen, von Menschen gemacht. Gott lässt Kriege weder zu noch verhindert er sie. Gott hat mit unseren Kriegen nichts zu tun. Sein Gebot: „Du sollst nicht töten“! hat er niemals widerrufen. Die Tatsache, dass es Kriege gibt, wird von vielen Menschen als Argument gegen die Existenz Gottes benützt. Ein Gott, der Kriege zulässt, kann kein guter, kann überhaupt nicht Gott sein. Sie vergessen dabei, dass Menschen Waffen herstellen, kriegerisch denken, Feindbilder hegen und pflegen und – wie die beiden letzten Weltkriege beweisen – massenhaft freiwillig und mit Begeisterung in den Krieg ziehen. Eine Welt ohne Krieg und Waffen ist nur möglich, wenn jeder einzelne Mensch daran mitwirkt.

Lieben und geliebt werden ist ein ganz ursprünglicher Wunsch

Vor langer, langer Zeit hat Gott durch Moses den Menschen sagen lassen: Du sollst nicht töten! Du sollst nicht stehlen. Du sollst deinen Nächsten nicht verleumden. Und: Du sollst Gott lieb haben, von ganzem Herzen und deinen Nächsten wie dich selbst (5. Mose 6,5 und 3. Mose 19,18).

Dass Gott ein liebender Gott ist, kann man in der Bibel an vielen Stellen nachlesen. Man kann auch nachlesen, dass Gott den Menschen nach seinem Bilde schuf (oder durch Evolution ermöglichte). Liebe braucht immer einen Bezugspunkt. Liebe ohne Gegenliebe tut nicht nur weh, sie verkümmert auch.

Verkürzt kann man sagen, dass Gott die Menschen werden ließ (schuf), damit seine Liebe Gegenliebe erfährt. Wir Menschen teilen also unser Urbedürfnis – zu lieben und geliebt zu werden mit unserem Schöpfer.

Die Sehnsucht nach dem Geliebtwerden hat der Mensch als Erbe mitbekommen

Es ist ein göttliches Erbe. Der Mensch wird diese Sehnsucht nie los. Liebe wird oft mit Verliebtsein verwechselt. Und dann fallen Worte wie „für immer“ und „ewig“ oder „wir wollen nie mehr auseinander gehen“.

Wer Liebe gefunden hat, möchte sie am liebsten einsperren und versiegeln. Dabei wird vergessen, dass jede Liebe etwas Prozesshaftes ist. Mit der Liebe ist es wie mit der Demokratie: Man muss jeden Tag etwas dafür tun.

Der Mensch kann die Sehnsucht nach Liebe und Geliebtwerden aber auch umlenken auf Güter, Erfolg oder Macht. Wenn man ein Kind, anstatt ihm Zeit, Zuwendung und Zärtlichkeit zu geben, vollstopft mit Spielsachen, modischer Kleidung und Leckereien, wird es zunächst glücklich sein.

Der Sinn des Lebens ist das Leben selbst

Da die Sehnsucht nach dem Geliebtwerden aber bleibt, steigern sich seine Wünsche. Und nach jeder materiellen Wunscherfüllung wird es fragen: War das schon alles? Bei Erwachsenen, die ihre Sehnsucht nach Geliebtwerden auf Güter umlenken, kommt noch eine weitere Frage hinzu, nämlich die Frage nach dem Sinn des Lebens. Meist stellt sich diese Frage in der Lebensmitte.

Wenn man dies und jenes besitzt oder erreicht hat, dann soll sich, bitteschön, endlich der Sinn des Lebens einstellen. Der Sinn des Lebens soll dann plötzlich so eine Art Griff oder Henkel sein, mit dem man das Leben tragen und ertragen kann.

Vieles von dem, was man als Erwachsener an Rüstzeug für das Leben besitzt oder vermisst, wird in der Kindheit zugrunde gelegt.

Das Staunen, das Wundern, das Fragen und Antwort bekommen, ist eine Grundausstattung in der Kindheit, von der der Erwachsene ein Leben lang zehrt

Wer als Kind nach dem Woher und Wohin des Lebens fragt und dabei offene und ehrliche – vielleicht sogar zweifelnde – Gesprächspartner findet, verstummt auch als Erwachsener nicht. Er bleibt ein Fragender, jemand, der weiß, dass Antworten niemals endgültig sind. Wenn man einem Kind sagt: „Es gibt keinen Gott, also frag nicht weiter", speist man es mit einer Auskunft ab, die so wenig beweisbar ist wie jene Aussage früherer Zeiten: „Der liebe Gott wohnt im Himmel, weiß alles, sieht und hört alles und bestraft jede böse Tat."

Das eine wie das andere würgt Weiterfragen ab. Es trägt den Charakter des Endgültigen. Es meint: Finde dich ab, so ist es nun einmal!

Man kann das Thema „Tod" totschweigen. Aber jeder denkende Mensch weiß, dass er sterben muss. Dieses Wissen, ob ausgesprochen oder totgeschwiegen, verdichtet sich als wiederkehrende Frage: wann, wo, wie? Die Frage ist unausrottbar.

Man muss es ertragen können, dass es darauf keine endgültige Antwort gibt.

Man kann das Thema „Gott" ebenfalls totschweigen. Die Frage nach dem Woher, Wohin und Warum bleibt. Die Frage ist, wie die nach dem Tod, unausrottbar. Wer glaubt, dass er diese Fragen endgültig – sozusagen für immer und ewig – beantworten kann, irrt.

Man muss es ertragen können, lebenslänglich Fragender zu sein

Die Antwort auf die Sinnfrage des Lebens fällt nicht vom Himmel. Sie wird weder verordnet noch diktiert oder gar als fertiges Paket angeboten. Sie hängt sehr eng mit der Frage nach dem Tod, mit dem Woher, Wohin, Warum zusammen.

Ein ganz und gar unverdächtiger Liedermacher, weder Katholik noch Protestant, geht die Sinnfrage von einer ganz anderen Seite her an: „Gott schaut vom Himmel auf die Menschenkinder, dass er sehe, ob jemand klug sei und nach Gott frage."

David schrieb diese Liedstrophe (Psalm 53,3) etwa 1000 Jahre vor unserer Zeitrechnung. Damals wurde die Erde noch als Scheibe beschrieben, über der sich der Himmel wölbt und für die Menschen unerreichbar ist. Eine andere Aussage ist indessen zeitlos wichtig: Wer klug ist, fragt nach Gott. Andersherum ausgedrückt heißt das: Wer klug ist, fragt nach dem Woher, Wohin, Warum. Oder: Wer unklug ist, verschluckt sein Fragen und wendet sich anderen Dingen zu. Kinder fragen nach Gott. Kinder haben eine angeborene religiöse Neugier. Wenn man ihr Fragen nicht abwürgt, fragen sie ein Leben lang nach Gott. Leere Kirchen und steigende Zahlen von Kirchenaustritten sind kein Beleg dafür, dass die Frage nach Gott von Erwachsenen heute nicht mehr gestellt wird. Sie sind allenfalls ein Beleg dafür, dass die Kirchen an den Fragen heutiger Menschen vorbei antworten oder gar schweigen.

Viele Generationen mussten am Ende ihrer Kindheit ihren Kinderglauben beiseite schieben, um frei und selbstbestimmt leben zu können

Man hatte ihnen einen Glauben vermittelt, mit dem sich schwer erwachsen werden ließ. Unsinnige Dinge waren verboten. Sexualität wurde verteufelt. Der Gott vieler Generationen von Kindern war ein ziemliches Ekel. Man konnte ihn beim besten Willen nicht lieb haben. Er thronte im Himmel, sah alles, hörte alles, wusste alles und dachte sich Strafen aus. Wie ein Detektiv war er ständig auf Beobachterposten.

Wenn ein Kind aufs Knie fiel, sagte man ihm: „Siehst du, das war die Strafe für deinen Ungehorsam!“ Gott stellte Forderungen wie ein verquerer Schulmeister. Und die Erwachsenen standen bedingungslos hinter ihm und vollstreckten seinen vermeintlichen Willen. Alles, was sie nicht wollten oder zu erzwingen gedachten, schoben sie auf den lieben Gott.

Ein untaugliches Gottesbild

Kein Wunder, dass ein Kind die Tage seiner Kindheit zählte, um endlich solch einen Gott loszuwerden. Religion legte sich vielen Kindern wie eine Schlinge um den Hals. Erklärt wurde nichts.

Gott und seine Verbote waren unbegreiflich. Ähnlich wie bei der Sexualität oder beim Thema Tod wurden Fragen ganz einfach nicht zugelassen. – Wenn es donnerte, sagte man einem Kind: „Der liebe Gott schimpft."

Wollte es wissen, warum er schimpft, war die Antwort genauso klar: „Weil du böse warst."

Kinder hatten keine großen Freiräume. Elementare Regungen der Sexualität, des Willens und der Neugier wurden oft brutal unterdrückt. Da sie aber Kinder waren wie Kinder heutzutage auch, kollidierten sie natürlich beständig mit allen Verboten. Sie waren also meistens „böse", ob es nun gerade donnerte oder nicht. Wo Religion piesackt, verbiegt sie ein Kind oder es befreit sich beizeiten. Wenn es sich aber befreit hat, wird es sich fest vornehmen: So etwas tue ich meinen Kindern nicht an!

Das ist ein guter Vorsatz. Dabei wird aber leider allzuoft das Kind mitsamt dem Bade ausgeschüttet: Gott war nie schuld an dem Bild, das Menschen sich von ihm machen wollten.

Es ist sehr viel einfacher, Gott alles in die Schuhe zu schieben, als sich selber Verantwortung zuzumuten

Ein Beispiel soll für viele stehen:

Gott wurde jahrhundertelang folgender Satz unterstellt: „Macht euch die Erde untertan" (Genesis). Was ein Untertan war, wussten die Menschen nur allzu gut. Ein Untertan wird ausgeplündert, benutzt, für Frondienste herangezogen, geprügelt und verstoßen, wenn er zu nichts mehr nütze ist. In diesem Sinne machten sich die Menschen die Erde untertan. Wir wissen heute, was aus dem „Untertan Erde" inzwischen geworden ist. Wir wissen, wie der „Untertan Mitgeschöpf" leidet: überzüchtete Tiere, die ohne Medikamente nicht leben können, Kälbermast, Batteriehaltung, Fließbandschlachtung, 300 Millionen – oft qualvolle – Tötungen von Versuchstieren pro Jahr. Während die Kirchen zu diesem Thema schweigen, fragen viele

Erwachsene verzweifelt: Warum lässt Gott das zu? Die Frage ist rasch beantwortet. Wir sind nicht Gottes Marionetten. Wir können selbst zwischen Gut und Böse unterscheiden. Wir sind frei. Frei zu lieben und frei zu zerstören. Frei, nach Gott zu fragen.

Jedes Lebewesen ist Teil der Schöpfung, nicht nur der Mensch

Vor langer, langer Zeit, als die Menschen das Erdenleben quasi noch einüben mussten, meldete sich Gott gelegentlich zu Wort. So berichtet es die Bibel. Den ersten Menschen gab er den Rat mit auf den Weg: „Bestellt die Erde, macht sie urbar." Für sie galt auch der Rat: „Wachset und mehret euch und füllet die Erde" (Genesis). Als Gott den Menschen diesen Rat gab, lebten sie noch im Paradies. Sie hatten noch nicht gelernt, Verantwortung für ihr Handeln zu tragen.

Die falsche Interpretation beider Ratschläge – bis heute – lässt sich schwerlich Gott in die Schuhe schieben. Die Menschen suchten und suchen bis heute nach einem Alibi für ihr Tun. Da ist es nicht unpraktisch, ganz einfach die Bibel zu zitieren und für die eigenen Zwecke zu interpretieren. (Die moderne Theologie ist längst abgerückt von dem Wort „untertan" und hat es durch „urbar" ersetzt, da es der Übersetzung des Urtextes wesentlich näher kommt.)

Wem gehört die Schöpfung?

Der Rat „macht die Erde urbar" – von untertan war nicht die Rede – hieß so viel wie: Nun, da das Paradies zu ist, lernt, mit der Erde umzugehen und euch von ihr zu ernähren. Ausplündern war in gar keiner Weise gemeint, denn Gott selbst liebt die Schöpfung. David weiß ein Lied davon zu singen: „Es warten alle auf dich!" Mit „alle" sind keineswegs nur die Menschen gemeint, sondern „die jungen Raben", „Gewürm", „Gras" und„Kraut". Sie alle sind wichtig vor Gott.

Der Rat, „wachset und mehret euch“, entsprach der damaligen Situation der Menschen: Ihre Zahl war gering. Menschliches Leben hatte gerade erst begonnen (1. Mose 1,28).

Wer heute noch an dem Satz festhält „wachset und mehret euch“, spannt Gott vor den Karren einer Ideologie, die blind ist gegen Fakten: Schon heute verhungern in der Dritten Welt täglich 40000 Kinder. In wenigen Jahrzehnten wird sich die Menschheit verdoppelt haben. Und die Erde beweist inzwischen von sich aus, dass sie kein Untertan ist: sie schlägt zurück. Jahrhundertelang hat der Mensch gefragt: was kann ich? Und dann gehandelt. Ab jetzt heißt die Frage: was kann ich verantworten? Was kann ich der Schöpfung noch zumuten, deren Teil ich bin?

Was heißt das, wer klug ist, fragt nach Gott?

Es heißt zunächst einmal, dass überhaupt gefragt wird.

Wenn wir heute zu überschauen beginnen, was wir in den letzten Jahrzehnten, aber auch in den Zeiten der Kolonisation der Dritten Welt, angerichtet haben, müssen wir zugeben: wir haben nicht gefragt.

Nicht nach dem Mitgeschöpf Mensch, nicht nach dem Mitgeschöpf Tier, nicht nach der Mutter Erde.

Wir haben in den Tag gewirtschaftet. Jeder – auf dieselbe kurzsichtige Weise – jeder zu seinen Gunsten.

Wir haben vergessen zu fragen: Woher, Wohin, Warum?

Und dabei hatte alles so schön begonnen,
vor langer, langer Zeit:

„Du lässest Wasser in den Tälern quellen,
dass sie zwischen den Bergen dahinfließen,
dass alle Tiere des Feldes trinken
und das Wild seinen Durst lösche.
Darüber sitzen die Vögel des Himmels
und singen unter den Zweigen.

Du feuchtest die Berge von oben her,
du machst das Land voll Früchte, die du schaffest.
Du lässest Gras wachsen für das Vieh
und Saat zu Nutz den Menschen,
dass du Brot aus der Erde hervorbringst,
dass der Wein erfreue des Menschen Herz
und sein Antlitz schön werde vom Öl
und das Brot des Menschen Herz stärke.
Die Bäume des HERRN stehen voll Saft,
die Zedern des Libanon, die er gepflanzt hat.
Dort nisten die Vögel,
und die Reiher wohnen in den Wipfeln.
Die hohen Berge geben dem Steinbock Zuflucht
und die Felsklüfte dem Klippdachs.
Da ist das Meer, das so groß und weit ist,
da wimmelt's ohne Zahl, große und kleine Tiere.
Du hast den Mond gemacht, das Jahr danach zu teilen;
die Sonne weiß ihren Niedergang.
Du machst Finsternis, dass es Nacht wird;
da regen sich alle wilden Tiere,
die jungen Löwen, die da brüllen nach Raub
und ihre Speise suchen von Gott.
Wenn aber die Sonne aufgeht, heben sie sich davon
und legen sich in ihre Höhlen.
So geht dann der Mensch aus an seine Arbeit
und an sein Werk bis an den Abend.“

David sagt Gott die Meinung

Der Sänger David bestaunt die Schöpfung wie ein Kind. Ihn beeindrucken Vielfalt und Reichtum zwischen Himmel und Erde. Er selbst empfindet sich als kleines Rad im großen Weltgetriebe und bewundert aufrichtig die Ordnung, die allem zugrunde liegt.

Es wurde schon an anderer Stelle gesagt, dass David seine Lieder nicht im Sold der Kirchen schrieb, sondern vor langer, langer Zeit, als es weder Päpste noch Kirchensteuern gab. David ist ein Freund Gottes. Manchmal sagt er ihm fürchterlich die Meinung. Als Kind seiner Zeit hat er ein bestimmtes Gottesbild. Immer wieder bittet er Gott, er möge doch endlich mal ordentlich dreinschlagen und allen seinen Feinden gefährlich zu Leibe rücken. Warum bleibst du stumm, fragt er Gott, melde dich doch! David bewundert Gott und liebt ihn innig, obwohl er immer wieder durchblicken lässt, dass er vieles nicht begreifen kann. Aber er erkennt Gottes Ordnung an. David fragt viel. Und er staunt und wundert sich wie ein Kind.

Von David kann man lernen, dass mit Gott ein offenes Wort möglich ist

Vielleicht sind wir alle als Kinder zu sehr eingeengt worden durch konfektionierte Kindergebete wie dieses: „Lieber Gott, mach mich fromm, dass ich in den Himmel komm." Damit kann kein Kind mehr etwas anfangen, wenn es größer geworden ist. Ich musste als Kindergartenkind vor dem Frühstück meine Spielgefährten, rechts und links, bei den Händen fassen und sagen: „Händchen fassen, Köpfchen senken, immer an den Führer denken, der uns gibt das täglich Brot. Und uns hilft aus aller Not." Das hatte ein Nazidichter geschrieben – ein eher krimineller Text.

Ich halte es für eine Todsünde, wenn man Kinder für dumm verkauft. Man sollte alles dafür tun, dass sie die Welt mit neuen Augen sehen – ohne die Altlasten unserer misslungenen Versuche, Gott vor den falschen Karren zu spannen.

Weißt du, wieviel Sternlein stehen? – Gott, der Herr, hat sie gezählt!

An einer Stelle staunt David: „Er zählt die Sterne und nennt sie alle mit Namen" (Psalm 147,4). Das ist ein Satz für Kinder.

Ein sternklarer Nachthimmel beeindruckt jedes Kind. Es kann sich nicht vorstellen, dass ein Mensch diese vielen Sterne zählen kann. „David hat gesagt“, kann man ihm sagen, „Gott zählt sie alle und nennt sie alle mit Namen.“ Das ermöglicht Fragen nach Gott, Reden über Gott, einen Eindruck von Gott. Man müsste ein sehr brutaler Erwachsener sein, wollte man einem Kind angesichts eines Sternenhimmels sagen: „Alles Zufall da oben, genau wie du und ich hier unten.“ Noch einmal zurück zu den Fragen: Woher? Wohin? Warum?

Am Anfang schuf Gott Himmel und Erde, sagt uns die Bibel, und am letzten Schöpfungstag den Menschen. Wir wissen heute, dass es Millionen von Jahren dauerte, bis die Erde bewohnbar war und der Mensch fähig, mit Werkzeugen zu hantieren. Der Mensch, der in der Schöpfungsgeschichte zuletzt genannt wird, erhob sich als Erster über seine Mitgeschöpfe. Er überzeugte Gott (Geschichte vom Sündenfall), dass es besser sei, ihm völlige Freiheit und Unabhängigkeit zu geben. Er bekam sie. Der Mensch bezeichnet sich gern als die Krone der Schöpfung. Das ist, wie wir immer deutlicher gewahren, eine sehr gefährliche Form von Hochmut.

Der Mensch ist und bleibt nur ein Teil der Schöpfung. Wenn er seine Mitgeschöpfe ausbeutet, gefährdet er seine eigene Existenz, ebenso wie durch die Zerstörung von Himmel und Erde, von Luft und Wasser. „Ich liebe deine Ordnungen, deine Gesetze“, sagt David zu Gott. Für ihn macht es Sinn, nach Gottes Ordnungen und Gesetzen immer wieder neu zu fragen, sie zu bejahen und einzuhalten.

Wenn Kinder nach Gott fragen, fragen sie unausgesprochen nach dem Sinn ihrer Existenz, nach dem ewigen Woher, Wohin, Warum

Man sollte nicht von diesen Fragen ablenken, sondern zugeben, dass man selbst ebenfalls damit beschäftigt ist. Das Leben in der

Schöpfung ist eine Art Stafettenlauf: Jedes verlöschende Lebewesen gibt Gottes Ordnung an das nächste Lebewesen seiner Art weiter. So beantwortet sich die Sinnfrage. Es macht Sinn, jeden Tag klug zu sein und nach Gott und seiner Ordnung zu fragen. Es ist ebenfalls klug, auch das ist bei David nachzulesen (Psalm90,12), zu bedenken, dass wir sterben müssen.

Wenn wir unsere Existenz und Lebensdauer realistisch einschätzen, übernehmen wir uns nicht und peilen Ziele an , an denen zum Schluss die Sinnfrage scheitert.

Man sollte lieber Zweifel offen aussprechen, als Gott totschweigen. Kinder sollen wahrnehmen können, dass Gott ein Thema ist im Leben der Erwachsenen. Wenn von Gott die Rede ist, versuchen Kinder, sich ein eigenes Gottesbild zu machen. Man sollte sie gewähren lassen. Die Kinder und der liebe Gott haben von Natur aus ein denkbar gutes Verhältnis miteinander, solange es die Erwachsenen nicht in der besten Absicht trüben.

Wohnt Gott im Himmel?

Wohnt Gott in der Kirche?

Wo wohnt der liebe Gott?

Gott wohnt da, wo Liebe ist

Gott hat uns die Fähigkeit zur Liebe mitgegeben, damit er kein Gott ohne festen Wohnsitz ist, ein obdachloser Gott, der sich über die Unordnung in seiner Welt grämt und dennoch die Freiheit des Menschen respektiert.

Ein solcher Gott lehrt Kinder nicht das Fürchten. Ein solcher Gott ist ein Freund. Er bittet – tagtäglich – die Menschen um Mithilfe bei der Verantwortung für die Schöpfung und die Geschöpfe, die er lieb hat.

Darauf einzugehen, macht täglich Sinn.

Denn dieser Gott ist ein Gott zum Liebhaben. Auch dann noch, wenn die Kindheit längst vorüber ist.

5. Kapitel

Kinder brauchen Geheimnisse

Geheimnisse gehören zum Menschen wie seine Arme und Beine. Wem ständig das Herz auf der Zunge liegt, plündert die intimsten Kammern seiner Seele. Er trägt seine Persönlichkeit zu Markte wie eine verkäufliche Ware.
Kinder hüten ihre Geheimnisse. Und sie wissen, warum. Sie stellen viele Fragen, aber sie möchten nicht jede unserer Fragen beantworten.

Hand auf's Herz: Haben Sie ein Geheimnis?

Was ist ein Geheimnis? Erwachsene neigen dazu, Geheimnisse für das Verschweigen einer mehr oder minder bösen Tat zu halten. Wenn ein Ehemann Geheimnisse vor seiner Partnerin hat, kann nur eine andere Frau dahinterstecken. Hat ein Schulkind Geheimnisse, stecken schlechte Noten dahinter. Aber so einfach ist das mit den Geheimnissen gar nicht.

Denken Sie doch nur einmal an die Geheimniskrämerei vor Weihnachten oder Geburtstagen. Das sind recht positive Geheimnisse. Wer geheimnisvoll redet oder handelt, möchte nicht, dass man ihm hinter die Karten guckt. Er gibt nur Andeutungen preis. Den Augenblick der Offenbarung möchte er ganz und gar selbst bestimmen.

Was im wahrsten Sinne des Wortes nicht „spruchreif" ist, könnte man als Geheimnis definieren

Kindern fehlt sehr oft die Sprache, um anderen unmissverständlich etwas mitzuteilen. Also behalten sie es für sich und setzen sich im eigenen Kopf damit auseinander. Dabei hilft ihnen ihre noch sehr ursprüngliche Fantasie.

Manchmal erfinden sie sich Freunde, mit denen sie ihre Probleme besprechen. Darüber mögen sie nur selten reden. Zu rasch wäre der Erwachsene bereit, ihnen die Fantasiefreunde auszureden und sich selbst als kompetenten Partner anzubieten.

Fantasien sind oft Geheimnisse

Es kommt noch hinzu, dass manche Eltern, vor allem aber Mütter, davon überzeugt sind, dass ihr Kind vor ihnen keine Geheimnisse hat. Wenn das so wäre, hätten sie ein Kind ohne Fantasie. Kinder verbergen ja nur ihre nicht „spruchreifen" Vorstellungen vor uns, ihre Dialoge mit Fantasiegestalten und die wunderbaren Bilder, die sie mühelos in ihren Kopf holen, wann immer ihnen danach zu Mute ist.

Geburt und Tod – Gott und die Welt

Gerade die in diesem Buch behandelten Themen beflügeln die kindliche Fantasie zu Bildern und Vorstellungen, die ganz und gar nicht „spruchreif" sind.

Ohne es zu wissen, und ohne es benennen zu können, hütet das Kind seine Geheimnisse vor uns, wenn sie mit diesen drei Themen verbunden sind. Es stellt sich in seiner Fantasie etwas vor. Es beschäftigt sich. Es befragt uns und baut weiter an der Vorstellung in seinem Kopf.

Was „spruchreif" ist, wird es uns mitteilen. Was nicht „spruchreif" ist, wird es weiter als sein Geheimnis hüten. Wir sind für unsere Kinder da, wenn sie Fragen haben. Wir sind aber nicht dazu da, nach ihren Geheimnissen zu fragen. Geheimnisse dieser Art berühren die Seele des Kindes. In einer Seele darf man nicht „bohren", dann verschließt sie sich.

Ängste vor dem Ausgelachtwerden

Ich selbst bin mit vielen Geschwistern aufgewachsen und wusste über Zeugung und Geburt ziemlich rasch, nämlich schon im Kindergartenalter, Bescheid. Trotzdem habe ich mir vorgestellt, dass in meiner Mutter noch eine kleine Mutter steckt. Wie sollte ich mir sonst das Wort „Gebärmutter" erklären, das einem ja nun wirklich niemand erklärt. Diese kleine Mutter hatte große Ähnlichkeit mit den kleinen Menschen, die, und da war ich mir ziemlich sicher, im Radio sitzen und Konzerte machen oder reden.

Dass solche Vorstellungen besser nicht ausgeplaudert werden, war mir klar. Größere Geschwister lauern ja nur darauf, die kleineren bei ihren Tapsigkeiten zu erwischen; desto größer wirken sie dann selbst.

Als ich später selber schwanger war, fiel mir alles wieder ein. Erst da habe ich darüber geredet. Vorher war es ganz einfach nicht spruchreif.

Wenn Kindern Unrecht geschieht

Viele Eltern mögen sich in diesem Zusammenhang fragen, wie es um die Geheimnisse des Kindes steht, wenn ihm Unrecht widerfahren ist. Dies berührt eine völlig andere Ebene. Das kindliche Vertrauen wächst auch mit der Tatsache, dass wir sein Seelenleben respektieren, es nicht ausfragen und so unter Druck setzen.

Kinder, die Vertrauen haben, teilen ihren Eltern ungefragt mit, was sie bedrückt und ängstigt. Werden sie ernst genommen, entsteht ein Klima, in dem widerfahrenes Unrecht nicht zum Geheimnis wird. Es muss raus und geklärt werden, allerdings immer unter der Voraussetzung, dass ein Kind sich sicher sein kann:

Meine Eltern ergreifen meine Partei!

Ist ein Kind sich dessen ganz sicher, wird es im Falle eines sexuellen Übergriffes oder eines anderen Unrechts sofort und sehr entrüstet seine Eltern informieren. Aus vielen Untersuchungen weiß man, dass Kinder, die sexulle Übergriffe lange verschwiegen haben, insgesamt wenig Vertrauen hatten, dass jemand ihre Partei ergreift. Sie hatten im Verlaufe ihrer Kindheit viele kleine Beweise dafür gesammelt, dass sie weder respektiert, noch ernst genommen werden. So hielten sie Schweigen für die bessere Lösung und für die bessere Strategie, die Liebe der Eltern zu behalten und nicht durch Konflikte aufs Spiel zu setzen.

Kindliche Geheimnisse sind wie Gewächshäuser, in denen zur Winterzeit Blumen blühen

Wenn ein Kind erlittenes Unrecht nicht mitteilt, fehlt ihm das so lebensnotwendige Urvertrauen. Hier ist nicht selten der Therapeut gefragt.

Mit den positiven, fantasievollen und kreativen Geheimnissen der kindlichen Vorstellungswelt hat das nichts zu tun. Sie ernähren die Seele des Kindes und bedrücken sie nicht. Verschwiegenes Unrecht belastet das Kind bis hin zur Depression oder überschäumenden Aggressivität, die nach Hilfe schreit.

In einem Klima der Offenheit und des Respektes werden Kinder so stark, dass sie zwischen spruchreif und nicht spruchreif aus eigener Kraft entscheiden können. Darauf sollten wir vertrauen.

6. Kapitel

Kinder brauchen Bilderbücher

Seit Jahrhunderten gibt es Bilderbücher. Sie wurden für Erwachsene gemacht. Erst im 19. Jahrhundert wenden sich Bilderbücher direkt an Kinder; Lebenshilfen sollen sie sein mit dem Ziel, brave, angepasste Kinder groß zu ziehen. Dann wandelt sich die Sicht vom Kind. Gut gemachte Bilderbücher der heutigen Zeit geben dem Kind Informationen, zeigen Zusammenhänge auf und bieten Lösungen für Probleme an.

Bilderbücher zum Thema Sexualität

Nicht jedes Bilderbuch zu diesem Thema ist für jedes Kind gleich gut, und nicht alle Eltern können mit allen Büchern gleich gut umgehen.

Die Vorgänge von Zeugung und Geburt haben in verschiedenen Familien reichlich verschiedene Aspekte, unter denen die Gespräche mit den Kindern stattfinden. Unterschiedlich sind auch die Ziele. Wissen ist gut für Kinder, aber nicht alles. Wie eine Eizelle aussieht, was die Spermazelle anstellen muss, um eine Eizelle zu erreichen und mit ihr zu verschmelzen, kann Kindern im Bilderbuch recht anschaulich vermittelt werden. Sie wissen dann Bescheid, auch darüber, dass Männer und Frauen geschlechtsverschieden sind.

Das ist die eine Seite der sogenannten Aufklärung. Wir wünschen uns für unsere Kinder aber mehr als nur diese eine Seite, die rein biologische Sicht. Also wäre das Thema Liebe zu besprechen. Ein Thema, das Kinder eher im täglichen Leben erfahren, als im Bilderbuch betrachten können.

Das macht deutlich, wie sehr Eltern als Interpreten von Bilderbüchern gebraucht werden, wenn es darum geht, einerseits biologisches Wissen zu vermitteln und andererseits Kinder an einem Klima der Liebe teilnehmen zu lassen.

Ich kenne kein Bilderbuch zum Thema Sexualität und Kinderkriegen, das Eltern ihren Vorschulkindern in die Hand drücken könnten mit der Maßgabe: So, nun schau mal nach, wie das geht!

Der Erwachsene ist Mittler

Gerade beim Thema Sexualität, das ja schon für Erwachsene reichlich komplex und vielschichtig ist, braucht ein Kind die Hilfe des erwachsenen Mit-Betrachters. Sie müssen über das reden, was sie gemeinsam betrachten, miteinander erzählen und sich auch körperlich nahe sein.

Aufklärung braucht Atmosphäre

Aufklärung hat mit Emotionen zu tun. Allerdings liegen diese Emotionen bei Kindern und Erwachsenen auf völlig unterschiedlichen Ebenen.

Der Erwachsene kennt und praktiziert Sexualität, er ist sexualerfahren. Das Kind hingegen ahnt nur sehr verschwommen, was Sexualität bedeuten könnte. Trotzdem nähern sich beide demselben Thema.

Bilderbücher sind in diesem Fall nur hilfreich, wenn sie die Position des nicht sexual erfahrenen Teils, nämlich des Kindes, vertreten. Sie erklären dem Kind, woher die kleinen Kinder kommen. Die Macht der Sexualität kann man ihm nicht erklären, dazu fehlen ihm alle Antennen. Also tritt das in den Vordergrund, was Kinder wirklich interessiert: Wie bin ich entstanden, wo komme ich her?

Der Schlüssel zum Leben

Gerade für Vorschulkinder ist es wichtig zu wissen, dass Mama und Papa an seiner Entstehung beteiligt waren. Wie sie das gemacht haben, ist oft weit weniger interessant als die Tatsache, dass sie es gemeinsam gemacht haben, und das Kind somit einen eigenen Vater und eine eigene Mutter hat. Dieses Wissen sichert die Bindung und stärkt das Vertrauen in die Eltern.

Kinder begreifen, dass Vater und Mutter der Schlüssel zu ihrem eigenen Leben sind. In den wenigsten Fällen fragen sie akribisch nach, wie das alles biologisch abgelaufen sein mag.

Das ändert sich in der Vorpupertät. Für dieses Lesealter ist der Markt recht gut gerüstet. Bilderbücher für kleinere Kinder sind im Handel eher sparsam vertreten.

Wählen Sie solche Bilderbücher aus,

- deren Darstellung deutlich ist. Ihr Kind braucht und will Informationen die stimmen, kein Rätselraten.

- Achten Sie auf die Farben. Aufklärung braucht Atmosphäre!
- Zeigt das Bilderbuch Antworten auf die augenblicklichen Fragen Ihres Kindes oder greift es Themen auf, nach denen es noch gar nicht gefragt hat? Dann ist es für dieses Bilderbuch noch zu früh!
- Ihr Kind möchte Bilder zu einem Thema sehen, das Sie mit ihm bereits besprochen haben. Wählen Sie Bilder aus, die das bereits Gesagte vertiefen und verdeutlichen, etwa wie Kinder im Bauch wachsen und dann zur Welt kommen und umsorgt werden. Das ist vor allem das Anliegen Drei- und Vierjähriger.
- Erzählen Sie Ihrem Kind mit Ihren Worten zu den geschauten Bildern seine eigene Geschichte. Lassen Sie es fragen und reden. Nehmen Sie die gedruckten Texte als Informationsquelle, aber halten Sie sich nicht sklavisch daran.
- Lassen Sie Ihr Kind Nacktheit in der eigenen Familie erleben und den Unterschied von Buben und Mädchen im alltäglichen Leben selbst erfahren, bevor Sie ihm Darstellungen von Nacktheit in die Hand geben. Erst muss es das real erkennen, was es dann als Darstellung wieder erkennen soll.
- Kaufen Sie keine „Eintagsfliegen". Ein gutes Bilderbuch soll ein langfristiger Begleiter Ihres Kindes sein.

Bilderbücher zum Thema Tod und Sterben

Sie müssen ein wenig suchen, wenn Sie zu diesem Thema ein Bilderbuch brauchen, das wirklich mit der gegenwärtigen Situation Ihres Kindes zu tun hat.

Was kann ein Bilderbuch zu diesem Thema leisten?

Ganz wichtig: Es geht um Verlust. Dazu gibt es etliche Bilderbücher. Verlust tut weh, Verlust macht traurig, ob ein Hund gestorben ist oder ein Zierfisch im Aquarium. Einige Bilderbücher widmen sich auch dem Sterben von Menschen, etwa dem kleinen Freund oder dem Großvater.

Die im Bilderbuch erzählte Geschichte sollte mit der augenblicklichen Situation des Kindes zu tun haben oder seine drängenden Fragen beantworten, wenn es solch ein Buch bekommt. Ein Bilderbuch zu diesem Thema ist kein Bilderbuch wie jedes andere, das man eben mal so mitbringt. Es soll da helfen, wo ein Verlust stattfand oder wo Kinder fürchten, einen Verlust erleiden zu müssen. Ein solches Bilderbuch braucht eine ganz wichtige Komponente: den möglichen Trost.

Was soll das Kind im Bilderbuch erfahren?

- Andere Menschen leiden auch unter Verlusten.
- Verluste sind ganz unterschiedlich.
- Verluste, Tod und Sterben, tun allen Betroffenen weh.
- Verluste kann man nicht wegreden, nicht kleinreden.
- Nach dem Verlust ist alles anders.
- Nach einer Zeit des Trauerns kommt die Zeit des Tröstens, die Zeit des Erinnerns.
- Das Leben geht weiter ...

Bilderbücher zu diesem Thema brauchen eine besondere Bildqualität. Man muss die Bilder lange ansehen können und den Gedanken nachgehen, die einem zu den Bildern einfallen. Hier geht es nicht vorrangig um Informationen, sondern um Stimmung und Anmutung, ja, letztlich um Trost.

Bilderbücher vom Werden und Vergehen

Kinder lieben Jahreszeiten, weil sie spüren, dass ihr Leben sehr stark davon beeinflusst wird. Sie erkennen daran auch das Vergehen von Zeit, besser noch als an den Tageszeiten.

Es gibt viele gut gemachte Bilderbücher über den Lauf der Jahreszeiten. Das Ende einer bewusst gelebten Jahreszeit hat immer auch mit Verlust zu tun. Werden und Vergehen wird in den Jahreszeiten spürbar. Und es wird spürbar, dass es in der

Natur kein Ende, keinen Schlussstrich gibt. Altes stirbt und Neues kommt, Blüten und Früchte fallen ab, Bäume werden kahl und treiben erneut aus.

Das Leben geht weiter

Werden und Vergehen wechseln einander ab und bilden so den Kreislauf des Lebens. Bücher dieser Art sollte man Kindern in die Hand geben, bevor sie ein konkreter Verlust – etwa der Tod eines geliebten Tieres oder eines nahen Menschen – wirklich betrifft.

So wird Ihnen bewusst, dass man nicht alles festhalten kann, woran das Herz zutiefst hängt, dass es Verluste gibt, und dass man sich damit auseinander setzen kann.

Jedoch ist der Verlust von Tieren oder Menschen ein anderes Thema.

Holen Sie Informationen ein

Wenn Ihr Kind einen Trauerprozess durchleidet und Sie ihm durch ein geeignetes Bilderbuch Hilfe geben wollen, machen Sie sich am besten in der Bibliothek Ihrer Gemeinde kundig oder in einer guten Buchhandlung.

Lesen und betrachten Sie das Bilderbuch erst mehrmals selbst. Sie kennen Ihr Kind am besten. Erzählen Sie ihm die Geschichte des Bilderbuches mit Ihren eigenen Worten und möglichst so, dass ein Bezug zur Situation Ihres Kindes entsteht. Betrachten Sie gemeinsam die Bilder und lassen Sie dem Kind viel Zeit zum Schauen und Fragen. Lassen Sie es auch malen, was es erlebt hat. Aber fragen Sie nicht nach, was da zu sehen ist. Nehmen Sie nur das auf, was es freiwillig zu seinen Bildern erzählt. Worüber es schweigt, das betrifft sein Geheimnis, seine inneren Bilder, die es hüten muss, weil sie die Substanz seiner Seele bilden.

Hoffnung auf Trost

Ein gutes Bilderbuch zum Thema Sterben und Tod sollte eine Geschichte enthalten, die das Kind nachvollziehen kann, in der es Parallelen zu sich und dem erlittenen Verlust findet. Und die ihm zeigt, dass Trost und Erinnerung am Ende die Trauer ablösen und etwas Neues kommt.

Bilderbücher zum Thema Gott und Religion

Es sind vor allem die konfessionell ausgerichteten Verlage, die Bilderbücher zu diesem Thema anbieten.

Wonach aber sollen Eltern greifen, die sich konfessionell nicht festlegen möchten? Oder Eltern, die das Thema eigentlich lieber vermeiden möchten, bei Ihrem Kind aber Neugier und Interesse am Thema Gott entdecken? Da wird es etwas eng.

Vor den großen Feiertagen wird in den meisten Kindergärten auch über Jesus gesprochen. Und plötzlich kommt das Thema nun auch in jene Familien, die eigentlich Zurückhaltung üben wollten. Was tun?

Zur Weihnachtszeit ist der Markt reichlich mit Bilderbüchern über Jesus' Geburt ausgestattet. Die Geschichte interessiert Kinder so wie alle Geschichten, in denen die Helden Kinder sind.

Die Auswahl ist oft schwierig

Wählen Sie Bilderbücher aus, die ohne Zuckerguss die Suche von Maria und Josef nach einer Unterkunft darstellen. Die zeigen, in welcher Armut Jesus geboren wurde, und dass Tiere an seiner Krippe Wärme verbreiteten und Könige zu Besuch kamen. Wer nicht an Gott glaubt, sollte sich auch zu keinem Bekenntnis zwingen. Aber Kinder, die Jahr für Jahr Weihnachten feiern, haben ein gewisses Anrecht darauf, die Weihnachtsgeschichte, die dem Feiern zugrunde liegt, in schönen Bildern zu erfahren.

Die Welt mit neuen Augen sehen

Es wurde schon an anderer Stelle gesagt, dass jede neue Generation sich ein eigenes Bild von dem machen muss, was uns allen überliefert ist: die Religion, die Kultur, die Geschichte.

Also brauchen Kinder Material, das ihnen Wissen übermittelt. Informationen gibt und Teilhabe gewährt. Mit Bilderbüchern beginnt ihr eigener Weg durch die überlieferten Güter ihrer Vorfahren.

Gott gehört auch dazu

Konfessionell ausgerichtete Eltern, wie gesagt, finden ein reichliches Angebot vor – bis hin zu Kindergebeten und Einübungen in die liturgischen Bräuche ihrer Religion. Die Qualität ist unterschiedlich, aber für alle Ansprüche ist etwas da.

Weniger religiöse Eltern haben da eher Probleme. Sie möchten nicht, dass ihr Kind zu früh, zu engmaschig oder überhaupt religiös geformt wird. Sie würden die Religion gerne zur Privatsache ihres Kindes erklären, wenn, ja, wenn es nicht von sich aus mit Fragen käme. Also müssen sie reagieren. Die Suche nach dem geeigneten Bilderbuch beginnt.

Wählen Sie Bilderbücher aus,

- die eine Aussage machen, hinter die Sie sich ohne Ablehnung stellen können, wie etwa die Weihnachtsgeschichte oder die Geschichte von Jonas im Fischbauch oder der Arche Noah. Es sind Geschichten, die Kinder sehr ansprechen und einen tiefen Sinn haben.
- Nehmen Sie nur Bücher von hoher Bildqualität. Dieses Thema verträgt keinen Kitsch oder alberne Texte. Fragen Sie im Buchhandel nach bekannten Illustratoren und renomierten Verlagen, die das Thema schon mehrfach bearbeitet haben.
- Kaum ein überkonfessioneller Kinderbuchverlag spart das Thema Gott, Religion und Religionsgeschichte aus. Missio-

nieren wollen diese Verlage nicht, ihnen liegt eher die Information sehr am Herzen.

- Gute Bilderbücher über die Wunder der Natur, über die Zusammenhänge in der Natur vermitteln Kindern Ehrfurcht vor dem Leben, ohne dass dabei großartig über Gott gesprochen wird. Kinder ahnen, eher als Erwachsene denken, dass hinter der ursprünglichen Ordnung in der Schöpfung ein kluger Gedanke steckt. Wer sich die Wunder der Welt ausgedacht hat, ob ein Gott, ein Urknall, ein Schöpfer, ein Geist über den Wassern daran beteiligt war, interessiert kleinere Kinder zunächst noch nicht. Sie wollen und sollen staunen über die Welt, in der sie zu Hause sind.
- Was der Mensch bestaunt und lieben lernt, wird er versuchen zu schützen und zu bewahren. Dies ist zugleich das Ziel aller großen Religionen, aber auch das Lebens- und Handlungsprinzip vieler einheimischen Kulturen in den sogenannten Ländern der Dritten Welt.
- Lassen Sie Ihr Kind auch Wissenswertes über fremde Religionen erfahren. Zeigen Sie ihm durch gute Bilderbücher, was andere Kinder in anderen Teilen dieser Welt erleben, wie sie leben, wie ihre Welt aussieht. Wir kennen nur diese eine Welt und in ihr wird sehr unterschiedlich gelebt und die Vorstellungen von Gott sind ebenfalls sehr unterschiedlich.
- Ihr Kind will wissen und vergleichen. Geben Sie ihm dazu die Möglichkeit, indem Sie ihm Bilderbücher von großer Spannbreite anbieten.
- Dies gilt auch für konfessionell gebundene Eltern. Lassen Sie Ihr Kind über den Tellerrand der eigenen Konfession hinausschauen. Toleranz verwässert nicht, sie trägt viel eher dazu bei, die eigene Religion für gut und alle anderen für achtenswert zu halten.

Warum Kinder Bilderbücher brauchen

Als das Radio Einzug in jeden Haushalt hielt, glaubten Pessimisten, den Tod der Bücher voraussagen zu müssen.

Ähnlich war es, als das Fernsehen die Familien eroberte. Man glaubte, nun würde nur noch ferngesehen und kein Kind würde mehr Interesse an Bilderbüchern oder Büchern zeigen. Tatsache ist: trotz Fernsehen und Kabel boomt der Buchmarkt und der Bilderbuchabsatz ist gewaltig.

Die hochgepriesene Mediengesellschaft kauft Bücher und Bilderbücher wie nie zuvor. Es scheint, als hätten die Menschen begriffen, dass dem schnelllebigen Fernsehen nichts besseres entgegenzusetzen ist als das langsame, zählebige Buch oder Bilderbuch.

Bücher werden selten weggeworfen. Bilderbücher werden regelrecht vererbt. Sie gehören zur Familie, nicht nur zu einer Generation.

Bilderbücher – Pforten zur Welt

Es ist für ein Kleinkind eine große Leistung, die Dinge um sich herum – Teller, Tasse, Schnuller, Bär – auch im Bild wieder zu erkennen. Nach den ersten Dingen vollzieht es Bewegungen im Bild nach: stehen, sitzen, liegen, laufen, klettern.

Es lernt Tiere näher kennen, die es auf Spaziergängen beobachtet hat: Pferd, Hund, Katze, Taube. Der flüchtige Eindruck wird im Bilderbuch manifest: So sieht das Pferd aus, so der Hund! Das Kind kann lange hinschauen und Detail für Detail aufnehmen.

Erste Namen für Begriffe formen sich. Hundertmal wird gefragt: Was ist das? Und dann plötzlich fühlt sich das Kind sicher und benennt das Geschaute: Ein Pferd! Ein Hund!

Sind genügend Begriffe vorhanden, ist das Kind bereit, Verse, Reime und kleine Geschichten aufzunehmen. Es liebt Vorlesen über alles. Dazu möchte es Bilder anschauen oder die

Hände bewegen. Je mehr Sinne angesprochen werden, um so größer ist die Verarbeitungsmöglichkeit, zugleich aber auch die Merkfähigkeit.

Gute Bilderbücher

- regen das Denken an.
- Sie fördern Beobachtung und Konzentration.
- Neues wird wahrgenommen und Bekanntes bestätigt.
- Die Sprache formt sich, bedarf allerdings der Hilfe des mit betrachtenden Erwachsenen.
- Zusammenhänge werden wahrgenommen und verarbeitet.
- Das Kind lernt zu vergleichen und zu unterscheiden.
- Ursachen und Wirkungen werden erfasst und hinterfragt.
- Schwierige Sachverhalte werden durchschaubarer.
- Probleme werden bewusst und Lösungen als falsch oder richtig erkannt.
- Aus Wörtern werden Sätze. Aus Sätzen werden Geschichten. Die Fantasie des Kindes blüht in dem Maße, indem es Anregungen für alle Sinne erfährt. Bald ist es in der Lage, die geschauten Bilder mit eigenen Erzählungen zu begleiten.

Weil Bilderbücher im Leben eines Kindes so wichtig sind, sollten Erwachsene beim Kauf ein paar Punkte bedenken:

- Je kleiner das Kind, um so stabiler sollte das Bilderbuch sein.
- In den ersten Bilderbüchern möchte das Kind bereits bekannte Gegenstände wieder erkennen. Noch verwirrt ein zu stark illustrierter Hintergrund oder zu matschige Farben.
- Farben sollen Stimmungen vermitteln. Allzu grelle Farben erzeugen Unruhe.
- Gedämpftere Farben laden zu längerem Hinschauen ein.
- Ein gutes Bild macht eine Aussage, die Kinder beeindruckt. Ihre Fantasie wird zum Weiter-denken angeregt.

- Dinge, Menschen, Pflanzen und Tiere sollten mit ihren wesentlichen Merkmalen dem Kind vorgestellt werden. Dabei ist zuckersüß und niedlich so wenig sinnvoll für ein Kind, wie grell und aggressiv stark verfremdet.
- Zu verschiedenen Themen gibt es oft mehrere Bilderbücher von verschiedenen Künstlern. Scheuen Sie nicht davor zurück, verschiedene Techniken, verschiedene Stilrichtungen, unterschiedliche Farbgebungen und Auffassungen zu ein und demselben Thema Ihrem Kind nahe zu bringen. Kinder haben ein sehr feines Gespür für Kunst. Bilderbücher helfen Kindern, einen eigenen Geschmack auszuprägen.
- Bilderbücher sollten zu Freunden und Gefährten Ihres Kindes werden. Deshalb ist es gut, Bilderbücher nicht wegzuräumen, sondern sichtbar und greifbar für das Kind aufzubewahren.
- Bilderbuch-Stunde sollte immer auch Erzähl- und Körperkontakt-Stunde sein. Ihr Kind wächst in die Welt der Erwachsenen hinein, staunend, lernend, begreifend und voller Zuversicht. Was läge da näher, als seinen Weg liebevoll zugewandt und verständnisvoll zu begleiten?
- Der frühe Umgang mit Bilderbüchern schafft bei den meisten Kindern frühe Leselust. Kinder, die Bücher mögen, das haben viele Untersuchungen ergeben, verbringen weniger Zeit vor dem Fernseher als andere.

Für sie stellen Bücher ein echtes Gegengewicht zur „laufenden" Unterhaltung im Fernsehen dar. Sie haben genaues Beobachten, langes Hinsehen, geduldiges Blättern gelernt und schätzen es zu verweilen und nachzufragen. All das vermag der Fernseher ihnen nicht zu bieten. Und darum werden sie weit weniger „fernsehsüchtig". Es lohnt sich also in jeder Hinsicht, Kinder früh an gute Bilderbücher und kindgemäße Literatur heranzuführen. Kinder wollen wissen. Und Bücher sind ihre Helfer bei der Eroberung ihrer Welt.